連帯と自由の哲学

連帯と自由の哲学

二元論の幻想を超えて

R. ローティ
冨田恭彦 訳

岩波書店

Science as Solidarity
Texts and Lumps
Pragmatism without Method
The Historiography of Philosophy: Four Genres
The Priority of Democracy to Philosophy
Pragmatism, Davidson and Truth

by Richard Rorty

This Japanese edition is published in 1988
by Iwanami Shoten, Publishers, Tokyo
by arrangement with the author

序文

ここに収められた六つの論文のそれぞれのテーマを一括するには、次の二つのテーゼを調停する試みとして、それらを見るのがよいであろう。

(1) 真理の試金石は、自由な議論だけである。

(2) 自由な議論は合意へと収斂するのではなく、その反対に、新たな語彙を増殖させ、また、〈どの語彙を使用すべきか〉に関する際限のない議論を増殖させる。

これら二つのテーゼは、両立しないように見える。なぜなら、それらが一つになると、ある考えに疑念を投げかけることになるからである。すなわち、〈「真理は一つである」《真理》なるものが「外に」あって、人間に発見されるのを待っている〉、そして、それを発見することによって、探究は終わりとなる〉というのがそれである。だが、私見によれば、われわれはこの考えを——〈探究の目的はすでに存在しているものを発見することである〉という考えを——捨てなければならない。そして、そうすることにより、(1)と(2)の間の緊張を、除かなければならない。

自由な議論だけが真理を保証しうるという考えは、しばしば、ある主張の形で表現されてきた。〈《真理》は――これを実体化し擬人化するなら――「強い」ものであり、《誤謬》と呼ばれる弱い相手を征服するであろう〉というのがそれである。このような言い方は、伝統的な西洋の神学‐形而上学的二元論――《実在》と《現象》、《魂》と《物体》、《永遠》と《時間》、神の不変性と死すべきもののはかなさ等々の区別――と、手を携えている。その言い方は、「《真理》は偉大であって、勝利する」という聖書の主張や、「《真理》と《虚偽》とを闘わせよ。自由な開かれた戦いにおいて《真理》が負かされることなど誰が知ろう」という(『アレオパギティカ』における)ミルトンの修辞疑問に見出される。

人間に発見されるのを待っているものとして《真理》を考えるなら、〈なぜ自由な開かれた戦い――拘束のない論争――がそれを見出す方法なのか〉ということについて、何らかの説明が必要となるであろう。神学と形而上学にはそういった説明を与える用意があった。それらは、そうした戦いでの《真理》の勝利を保証する、「理性」と「世界」との本性的関係を説き聞かせ、それによって、その説明を行なおうとした。私はそういった説明を排除し、また、《真理》を唯一の統一的存在者の名称とするような考え方をも排除したいと思っている。その理由は、既刊の『哲学と自然の鏡』、『プラグマティズムの帰結』で示した通りである。だが、それにもかかわらず、ミルトン、パース、ハーバーマスを貫いているテーゼ――〈真理は、実際に、自由な戦いにおいて獲得されるであろう〉というテーゼ――については、これを維持したいと思っている。

このテーゼを維持するため、私はそれを、形而上学的主張や認識論的主張にではなく、むしろ政治的主張に変えることにする。つまり、本書のある論文のタイトルを援用するなら、「民主主義を哲学に優先するもの」と見るのである。これは、〈真理の試金石は自由な議論だけである〉という主張を、真理の本性ないし概念を哲学的に分析した結果としてではなく、むしろ、政治的決断と見ることにほかならない。私見によれば、テーゼ(1)を受け入れるということは、現代民主国家の特徴をなす政治的・文化的諸制度を支持するということでしかない。それは、そういった諸制度を支持する理由を与えることではない。つまり、〈政治的自由は真理への通路を与える〉と自信を持って言えるほどに、われわれは真理の本性を知っている、ということではないのである。論点はむしろ、〈自由な議論の現時点での結論がたまたま何であろうと、民主社会の市民はそれを喜んで「真理」と呼ぶ〉というところにある。このような市民の自発性は、真理の本性論に関する合意を前提してはいないし、また、「真理」という言葉の定義に関する合意を前提しているわけでもない。私はそういった理論や定義が入手可能とは思わない。その理由は「プラグマティズム・デイヴィドソン・真理」で提示する通りである。

「真理」という言葉を喜んでこのような仕方で用いるということは、《真理》を存在者の名称と考えたり、〈「真なり」は、心と自然とか、文とそれが表わす事物とかいったものの間の関係を名指す〉と考えたりするのを、やめることである。これをやめれば、⑴と⑵の間の緊張は緩和する。〈文化的・政治的自由の下では人々はどうするか〉ということについてわれわれが持っている経験だけが——すなわち、彼らは新たな語彙を発明し、そうして真理の候補となる新たな文を発明するということだけが——⑵の基盤である。彼らは常に、問題を論じるための言葉を変えていく。彼らは、世界と社会とに関する新たな記述を増殖させる。このような増殖は、収斂という観念を反古にしてしまうように見える。だが、もし「真理」が自由な議論の結果でしかないのなら、探究は収斂すべきであると考える理由はないのである。

収斂を望ましいとする考えは、自然科学を合理性の範型、真理追求の成功事例の範型とする考えと結びついている。だが、科学は文芸批評や民主政以上に合理的探究の範型と見られるべきではない。その理由は、「連帯としての科学」、「テクストとかたまり」の二論文の示す通りである。われわれは、「科学的方法」を抽出しようとすべきではなく、科学を単に——他の目的に役立つ語彙ではなく——予測と制御の目的に役立つ語彙を増殖させるものと見なければならない。このことは、「方法を持たないプラグマティズム」の主張するところである。また、知の歴史においては、物語——特に哲学史と関係する物語——が、同じように増殖すべきである。このことは、「哲学史の記述法——四つのジャンル」で論じられる。

これらの論文を貫いている目的は、予定された目標——予め何らかの仕方で設けられた目標

——を目指すものとして人類の進歩を見るような見方を、消去することにある。私はそれを、〈種の自己創造としての——際限のない自己再定義の過程としての——人類の進歩〉という見方に、取り換えたいのである。それゆえ、私は、より一層正確な表象を与えるものとしてではなく、むしろ、より一層有用な道具を与えるものとして科学を描き、人間本性の内に常に存在してきた恒久的で深遠な何かを表現しようとする試みとしてではなく、むしろ人間としてのより一層興味深い在り方を与えてくれるものとして、芸術や政治を描こうとする。私の試みは、〈非人間的実在との正しい関係に入ろうとする人間の試みが次第に成功を収める〉というイメージを、〈人間が次第に複雑なものとなる〉というイメージに置き換えようとするものである。この試みは、ジョン・デューイの二つの主張の精神を受け継いでいる。「成長そのものが唯一の道徳的目標である」、「想像は善の主たる道具であり……芸術は道徳よりも道徳的である」というのがそれである。

約二五年前に、トーマス・クーンや他の人々が科学の進歩の本性に関する伝統的な経験論的説明を批判し始めて以来、西洋思想がギリシア人から受け継いだ「理性」と「情動」、「権力」と「真理」という標準的区別を援用するのは、次第に難しくなってきた。クーンに反対する者たちは、科学的探究を「群集心理」に還元していると彼を非難したが、この非難は逆効果であった。なぜならそれは、〈予め知られた方法論的基準に従うことと「群集規則」に従うこととの間には中間地帯が存在しない〉と主張することだったからである。だが、そうした中間地帯が存在すること、そして、民主国家における政治的議論がその一例であるということは、明らかである。それゆえ、クーンに反対する者たちは、自分の非難を撤回するか、〈そういった政治的議論は基準を持たないがゆえに「不合理」である〉と主張するかの、いずれかを選ばなければならなかった。

ロールズは、われわれの旧来の道徳原理と、新たな刺激、問題、提案に対するわれわれの直観的反応とを調停する試みに、「反省的均衡の方法」という名称を与えた。それは、デューイが民主主義的な文化の特徴と見なした「倫理上の実験的方法」である。この「方法」は、基準を適用するものではなく、個々の事態を一般的規則に包摂するものでもない。それはむしろ、〈一般的基準、規則、原理の帰結に対する直観的反応が、それらの基準、規則、原理に照らして訂正可能であるのと同様、そういった基準、規則、原理自体も、その帰結に対する直観的反応に照らして訂正可能である〉ということを認めるものである。「方法」という言葉は、ロールズが念頭に置いている手続きにとっては、いささか誤解を招くものである。なぜなら、反省的均衡を追求することは、われわれの信念や願望のいずれかを神聖不可侵のものとすることなく、それらを互いにできるだけ整合的にしようと試みることだからである。そのような試みを推奨することは、探究ができるだけ自由で、開かれた、多産なものとなるよう推奨することでしかない。つまりそれは、探究が〈自由に獲得される合意〉以外の目標を持たないことを、推奨することでしかないのである。そのような推奨は、パースがプラグマティズムを要約するのに用いた格率——「探究の道を塞ぐな」——を、言い換えたものにほかならない。

ロールズとクーンは、いずれも、収斂や基準よりも増殖や自由の方を強調している。このことは、デイヴィドソンにおいてはそれほど明確ではない。だが、デイヴィドソンが展開した全体論的言語哲学(フレーゲとクワインの仕事を基盤とする)は、媒介としての言語——人間と実在との間の第三のものとしての言語——という伝統的な言語のイメージを克服するのに、力を与えてくれる。また、そのことによって、彼の言語哲学は、〈言語——ないし探究——の機能は実在を表象することにある〉という考えを捨てるのに、手を貸すことになる。つまり、「真理」は言語と実在との間の非因果的関係の名称である〉という考えに対するデイヴィドソンの批判は、〈探究は先在する何ものかの正確な像を得ることを目的とする〉という考えを覆すのに、手を貸してくれるのである。したがって、彼の批判は、自己創造としての探究という見方と、うまく符合するのである。

私の試みは、クーンやロールズやデイヴィドソンの仕事から引き出したテーマを一つに編み上げようとするものであるが、彼らの仕事に興味を持っている日本の読者が、そうした私の試みに何らかの関心を見出してくださるなら、これに優る喜びはない。私の仕事に関心を持ち、永きに亙って忍耐強く翻訳の労をとられたことに対して、冨田恭彦氏に、心から感謝する。

リチャード・ローティ

目次

序　文

I　連帯としての科学……1

II　テクストとかたまり……33

III　方法を持たないプラグマティズム……67

IV　哲学史の記述法――四つのジャンル……105

一　合理的再構成と歴史的再構成……105

二　標準リストを形成するものとしての精神史……118

三　学説史……130

四　知の歴史……143

V　哲学に対する民主主義の優先……163

Ⅵ　プラグマティズム・デイヴィドソン・真理……217
一　慎みは金……217
二　パースの不徹底な処置……224
三　デイヴィドソンとフィールド言語学者……230
四　非還元的物理主義者としてのデイヴィドソン……248
五　デイヴィドソンとダメット……256
六　デイヴィドソン・実在論・反実在論……263
訳者あとがき……283

I　連帯としての科学

われわれの文化においては、「科学」、「合理性」、「客観性」、「真理」といった諸観念は、互いに緊密な関係にある。科学は「堅い」「客観的」な真理を与えると考えられており、この「堅い」「客観的」な真理は、実在との対応としての真理、真理の名に値する唯一のものとされている。哲学者、神学者、歴史家、文芸批評家のような人文学者は、自分の営みが「科学的」であるかどうかで悩まなければならない。つまり、彼らは、どれほど慎重に結論を導き出そうとも、その結論が「真理」という名に値するかどうかについて、悩まざるをえないのである。「客観的真理」の追求は、「理性の使用」と同一視される傾向にあり、そのため、自然科学が合理性の範型と見なされる。また、合理性は、予め規定された手続きに従うこと、「方法的」であることを意味すると、考えられている。そういうわけで、「方法的」、「合理的」、「科学的」、「客観的」といった言葉が、同義語として使用される傾向にある。

「認識的地位」や「客観性」について思い煩うのは、科学者が聖職者に取って代わった、世俗化した文化の特徴である。人間と人間を超える何かとの間に立って、両者の接触を図るのは、今や、科学者の仕事とされている。宇宙が非人格化されるにつれて、美が〈そして、やがては道徳的善でさえ〉「主観的」なものと考えられるようになった。こうして、今や真理こそが、人間が人間ならざるものに対して責任を負う、唯一の接点と考えられている。「合理性」や「方法」に身を縛るのは、この責任を自覚していることの現われと見なされる。科学者が、〈己れを無にして繰り返し事実の堅さに身をさらす人〉として、道徳的模範となるのである。

こうした考え方の一つの結果として、学問としての地位を求めながら、自然科学が用意するような予測や技術を提供できないものは、ある二者択一を迫られることになる。それは、科学を模倣するふりをするか、事実を発見しなくても「認識的地位」を確保できるような道を見出すか、という、二者択一である。「行動科学」のような言葉を用いてこの疑似聖職階級に参入するか、それとも、「事実」とは別のものを、自分の研究対象として見出すか。このいずれかを、こうした学問に携わる者は、選ばなければならない。人文学者が典型的に選ぶのは、後者の戦略である。〈自分たちの研究対象は〈事実と対照をなすところの〉「価値」である〉とか、〈自分たちの役割は、「批判的反省」という習慣を、育み、身につけさせることにある〉とかいった発言を、彼らは行なっている。

だが、どちらの言い方《レトリック》も、あまり満足のいくものではない。人文学者がどれほど「客観的価値」について語ろうとも、その「客観的価値」という言葉そのものが、常に不協和音を奏でてしまう。その言葉は、一方の手で与えたものを、もう一方の手で取り返す。もともと、客観的なものと主観的なものの区別は、事実と価値の区別と平行するよう意図されていた。したがって、「客観的価値」は、「天馬」と同じように、何となく架空のもののように聞こえてしまうのである。また、〈人文学者は批判的反省において並外れた技量を発揮する〉と言っても、事態は少しもよくならない。〈哲学者や文芸批評家は、理論物理学者や細菌学者よりも批判的思考が上手である〉とか、〈彼らは理論物理学者や細菌学者よりも、物事に対して広い視野を持つのに長けている〉とかいったことを、誰が本気で信じようか。そういうわけで、社会は、こうした言い回し《レトリック》のいずれをも、無視する傾向にある。社会は人文学を芸術と同等に扱い、〈人文学や芸術が与えるのは、真理ではなくてむしろ快楽である〉と考えている。確かに、それらが与える快楽は、「低級」ではなく、「高級」なものとされている。しかし、いかに高尚な、精神的な快楽であろうとも、真理の把握にはほど遠いのである。

堅い事実と柔らかい価値、真理と快楽、客観性と主観性といったこれらの区別は、不便な気の利かない道具でしかない。それらは文化を区分するのに適さない。それらの区別によって解決される問題と、それらの区別によって生み出される問題とを比べてみると、後者の方が多いのである。そこで、別の語彙を見出して、最初からやり直すのが最善であろう。しかし、そのためには、まず、自然科学を記述するための、新たな手立てを見出さなければならない。だがそれは、自然科学者の欺瞞性を暴露したり、彼らを格下げしたりすることを意図するものではない。問題は単に、聖職者として彼らを見るのをやめることである。科学とは、人間精神が世界と出会う場所であり、科学者とは、超人間的な力の前で、適切な謙虚さを示す者のことである――このような考え方を、われわれは捨てる必要がある。必要なのは、なぜ科学者が道徳的模範なのか、なぜ道徳的模範たるに値するのかを説明するための、別の手立てである。だがそれは、〈客観的事実〉と、〈より柔らかく、より捉えにくく、より疑わしいもの〉との区別に、依拠するものであってはならない。

では、どのように考えたらよいであろうか。「合理性」の二つの意味を区別することから始めるのも、一つの手であろう。すでに論じたように、ある意味では、「合理的」は「方法的」と同義である。言い換えれば、それは、〈予め定められた成功の基準を持っていること〉を意味する。詩人や画家が仕事をするときに用いているのは、「理性」以外の能力であると、われわれは考えている。なぜなら、〈自分の仕事が終わるまでは、自分のしたいことがはっきりしない〉と、彼ら自身、言っているからである。彼らは、仕事を進める中で、業績の新たな標準を作り上げる。

これと対照をなすのは、裁判官やビジネスマンの場合である。裁判官は、有利な判決を引き出すためには、準備書面がどのような基準を満たしていなければならないかを、予め知っている。また、ビジネスマンは、明確な目標を設定し、その目標の達成如何を彼の実力の判定基準としている。このように、訴訟とビジネスは、合理性の好例である。しかし、真に英雄的な例と思われるのは、科学者である。科学者は、どういう場合に自分の仮説が反証されたことになるかを予め知っており、一つでもその仮説に不利な実験結果が出てくると、それに従ってその仮説を捨てる用意がある。しかも、科学理論には、その成功を判定するための明確な基準が、存在しているように見える。〈予測を行なえること〉、そして、〈そのことによって、世界のある部分を制御可能にしうること〉というのがそれである。〈合理的である〉ということが、〈予め基準を定めることができる〉ということであるとすれば、自然科学を合理性の範型と考えるのは、もっともなことである。

だが、困ったことに、この意味で「合理的」という言葉を用いるなら、人文学は決して合理的活動とは言えそうにない。人文学が、手段よりも目的に関わるものであるとすれば、それが成功しているかどうかを、予め特定された基準によって評価することはできないからである。満たしたい基準がすでにわかっているなら、われわれは、自分たちが正しい目標を追求しているかどうかで、悩んだりはしないであろう。文化や社会の目標がすでにわかっていると思われる場合には、人文学には用はない。事実、全体主義の社会ではそうである。自らの目標を絶えず定め直すのは、民主的、多元的社会の特徴である。しかし、合理的であるということが、基準を満たすことを意味するなら、この定め直しの過程は非合理的であらざるをえない。したがって、人文学を合理的活動と見なすべきだとすれば、〈前もって述べることのできる基準を満たすこと〉とは別のこととして、合理性を考える必要があるであろう。

実際、「合理的」という言葉は、別の意味でも使用可能である。その場合、その言葉が意味するのは、「方法的」というよりも、「正気の」とか、「分別のある」とかいったことである。それは、一群の道徳的徳目を名指している。寛容であること、周りの人々の意見を尊重すること、人の言うことに進んで耳を傾けること、力よりも説得を頼りとすることが、それである。これらの徳目は、ある文明社会が存続すべき場合に、その社会の構成員が身につけていなければならないようなものである。この意味では、「合理的」という言葉は、「方法的」よりも、「教養のある」に近い意味を持つ。このような解釈に基づく限り、合理的なものと非合理的なものの区別は、芸術と科学の区別とは特に関わりがない。この解釈によれば、教条主義や防衛的態度や義憤に囚われることなく物事を論じるのであれば、どんな話題を論じていても合理的と言えることになる。話題が、宗教的なものであろうと、文学的なものであろうと、科学的なものであろうと、合理的という点では同じなのである。

「合理性」という言葉を、こうした弱い意味で用いるなら、人文学は、間違いなく、「合理的な学問」である。通常、人文学者は、今述べたような道徳的徳目を発揮している。ときにはそうでないこともあるが、それなら科学者とて同じである。しかし、これらの道徳的徳目だけでは、不十分なように感じられる。人文学者も大衆も、先のより強い意味での合理性——つまり、客観的真理、実在との対応、方法、基準、といったものと結びついている合理性——を、強く求めるのである。

だが、われわれは、このような欲求を満たそうとしてはならない。むしろ、それを根底からなくしてしまうよう、努めなければならない。文化の世俗化についてどのような意見が持たれようと、ともかく、自然科学者を新種の聖職者——つまり、人間と人間ならざるものとを繋ぐ新たな環——にしようとしたのは間違いであった。〈ある種の真理は「客観的」だが、それ以外のものは「主観的」もしくは「相対的」なものでしかない〉という考え——言い換えれば、〈真なる文の集合を、「本物の知識」と「単なる意見」とに、あるいは「事実的」なものと「判断的」なものとに分けよう〉という試み——も、間違っていた。〈科学者は特別な方法を手にしている。人文学者がこれを究極的価値に適用しさえすれば、今技術的手段に関して持っているのと同じ自信が、道徳的目的に関しても得られるであろう。〉——このような考えについても同断である。われわれは、第二の「弱い」合理性の観念で満足すべきであり、第一の「強い」合理性の観念を斥けるべきである。自分が満たそうとしている基準が何であるかを予め知っていること、進歩を計る標準を手にしていること——こういったことが、ある特別な徳目をなすなどと、考えてはならないのである。

争点をより具体化するため、哲学者の間で今行なわれている「科学の合理性」に関する論争を、ここで取り上げてみたい。トーマス・クーンの『科学革命の構造』が出版されて以来、二〇年ほどの間、哲学者は〈科学は合理的か〉という問いをめぐって論争を続けてきた。三〇年代と四〇年代に、道徳的判断は「無意味」であるという論理実証主義者の主張に対する攻撃が執拗に繰り返されたが、これと同じように、今日、クーンの「非合理主義」に対する攻撃が、執拗に繰り返されている。客観性への愛着を捨て、基準の遵守という合理性の観念を見離してしまったなら、「相対主義」の危険にさらされることになる——こういった警告が、絶えず行なわれているのである。

クーンの論敵たちの言うことは、いつも決まっている。彼らは、科学を「群集心理」に還元しているとして彼を告発し、自分たちは〈意味や指示や真理接近度に関する新たな理論によって〉「科学の合理性」を守ったのだと自慢する。これに対して、プラグマティズムの立場を取る彼の友人たち〈私もその一人である〉は、科学と非科学の区別を和らげたという理由で、彼を称えるのを常とする。クーンにとって、論敵が藁人形を攻撃していることを示すのは、造作もないことである。だが、プラグマティストの友人たちから身を守るのは、容易ではない。なぜなら、彼は、「「実在する」といった類いの言葉を再構成するための理論独立的な方途は存在しない」(1) と言っているからである。「〈自然に関する十分な、客観的な、真なる説明は一つであって、科学的業績の適切な尺度は、どの程度われわれをその究極目標に近づけたかにある〉と想像すること」(2) に、何の益があろうか――こういった疑問を、彼は提出している。われわれプラグマティストは、主観的／客観的という区別をまったく捨てさせようとする自分たちの運動に、クーンを引き込もうと努力する。その場合、われわれが常に引用するのは、彼のこういった箇所である。

私が「プラグマティズム」と呼んでいるものは、「左翼クーン主義」と呼ぶことも可能であろう。またそれは、（その批判者の一人であるクラーク・グライマーにより、）やや親しみのこもった仕方で、「新ぼかし主義」とも呼ばれている。なぜなら、それは、基準的合理性の考え方が育んできた、客観的なものと主観的なもの、事実と価値という区別そのものを、ぼかしてしまおうとするものだからである。われわれぼかし主義者が望んでいるのは、「客観性」の観念を、「強制によらない合意」の観念と取り換えることである。われわれは、文化全体を、同じ認識論的水準に置きたいと思っている。それは、つまり、「認識論的水準」とか「認識的地位」とかいった観念を、廃することにほかならない。われわれの望みは、社会科学者と人文学者の迷いを覚まし、〈「科学的地位」こそわれわれの目標とすべきものだ〉という考えから彼らを解放することにある。われわれの見るところでは、「真理」は単義語である。それは、法律家、人類学者、物理学者、言語学者、文芸批評家の判断に、等しく適用されるものである。そういった諸学問に異なる度合いの「客観性」や「堅さ」を帰してみても、意味をなさない。なぜなら、いずれの場合でも、強制によらない合意があれば、「客観的真理」であるための要件がすべて与えられたことになるからである。その要件とは、間主観的合意である。

　客観性とは間主観性のことだと言えば、すぐに相対主義者だという非難が返ってこよう。プラグマティストは、伝統的に、そう呼ばれてきた。だが、「相対主義」という言葉には複数の意味がある。それは、三つの異なる見解の、いずれをも、名指すことができる。第一の見解は、どんな信念も等しくよいものであるという、ばかげた自己反駁的な見解である。第二の見解は、「真なり」は同音異義語で、正当化の文脈と同数の異なる意味を持つという、ひねくれた見解である。第三は、真理や合理性については、〈所与の社会——つまりわれわれの社会——のそれぞれの探究領域で、通常どういった正当化の手続きがとられているか〉ということしか言えないとする、自文化中心主義的見解である。プラグマティストは、確かに、この第三の、自文化中心主義的見解を持っている。だが、第一と第二の見解は、プラグマティストの見解ではないのである。

しかし、この種の自文化中心主義を「相対主義」と呼ぶのは、適当ではない。なぜなら、われわれプラグマティストは、あるものが他のものに対して相対的だと主張するような、積極的な理論を奉じているわけではないからである。われわれが行なっているのは、まったく消極的な主張である。つまり、知識と意見という伝統的な区別――〈実在との対応としての真理〉と〈うまく正当化された信念に対する褒め言葉としての真理〉との間の区別として解釈されるような――を行なわない方が、うまくいく、と言っているのである。反対者がこの消極的主張を「相対主義」と呼ぶのは、〈真理が固有の本性を持つことを、まじめに否定する者がいる〉ということが、彼らには想像できないからである。それゆえ、〈各自が信じてよいと思うことが真なるものとして推奨されるのであって、真理について言えるのはこれだけである〉とわれわれが言うと、実在論者は、これを、真理の本性に関するもう一つの積極的な理論として解釈しようとする。つまり、〈真理とは、ある特定の個人や集団が今持っている意見にほかならない〉という理論として、彼らはそれを受け取るのである。そうした理論が自己反駁的であることは、言うまでもない。だが、われわれプラグマティストは、真理論を持ってはいない。相対主義的真理論など、論外である。われわれは、連帯の熱烈な支持者《パルチザン》である。そのわれわれが行なう、共同的探究の価値に関する説明は、ただ倫理的基盤を持っているだけであって、認識論的基盤や形而上学的基盤を持っているわけではないのである。

自文化中心主義的でなければならないという発言を、いかがわしいと見る向きもあろう。だが、それは、他の共同体の代表者への語りかけを頑迷に拒否する立場こそが、自文化中心主義だと思っているからである。私の言う自文化中心主義は、自分たち自身の光に照らして事をなす、という立場でしかない。事をなすのに使える光がほかにないから、自文化中心主義なのである。他の個人や文化が提示する様々な信念を吟味するには、それらを、われわれがすでに持っている信念と、織り合わせてみなければならない。なぜそのようなやり方で吟味できるかと言えば、おびただしい信念をわれわれと共有しているものだけが、人間や文化と認められるからである(もしそうでないとしたら、それが言語を操っていることが、われわれにはまったくわからないであろう。したがって、それが信念を持っていることも、われわれにはまったくわからないであろう)。

このような考え方は、一八世紀以来よく知られているある試みに、まっこうから対立するものである。それは、政治的自由主義を、人間本性の観念に基づくものと見ようとする試みである。物理科学が進めてきた《自然》への接近に続いて、今や、「《自然=本性》に合致する」社会的、政治的、経済的諸制度が確立されなければならない——ほとんどの啓蒙思想家が、これを自明のことと考えていた。以来、自由主義的社会思想は、ある社会改革を中心として営まれてきた。それは、人間本性に関する客観的知識によって可能となるような——言い換えれば、ギリシア人やフランス人や中国人の在り方に関する知識によってではなく、人間性そのものに関する知識によって可能となるような——社会改革である。この伝統が夢見ているのは、非局地的連帯を実現する、普遍的人間共同体である。それがなぜ非局地的連帯を実現するかと言えば、その共同体自身が、非歴史的人間本性の表現だからである。

この伝統に属する哲学者は、連帯を客観性に基づけたいと願っている。その場合、彼らは、真理を、実在との対応として、解釈しなければならない。そこでは、単なる社会的正当化ではなく、自然＝本性的でもあるような正当化——つまり、人間本性そのものから発し、〈自然のあの部分〉と〈自然の他の部分〉とを繋ぐ環によって可能となるような正当化——が必要であり、こうした正当化の入りうる認識論を、彼らは構築しなければならない。プラグマティストの考えは、これとは対照的である。われわれプラグマティストが望んでいるのは、客観性を連帯に還元することである。その場合、われわれは、形而上学や認識論を必要とはしない。われわれには、信念と対象との「対応」関係を説明する必要がないし、人間がその関係に入りうるものであることを保証するような、人間の認識能力に関する説明も、不要である。真理と正当化のギャップは、文化を批判・称揚する手立てとなるような自然＝本性的、貫文化的合理性を抽出することによって、なくすことができる——こういった見方を、われわれは採らない。われわれの目からすれば、真理と正当化のギャップは、〈現実のよいもの〉と〈可能なよりよいもの〉のギャップでしかない。確かに、今のわれわれにとって信じるのが合理的なものでも、もしかしたら真ではないかもしれない。しかしそれは、プラグマティズムの見方からすれば、〈誰かがもっとよい考えにいきあたるかもしれない〉ということを意味しているにすぎない。

合理性を市民的教養性《シヴィリティ》と見るプラグマティズムの見方からすれば、探究とは、個々の問題に基準を適用することではなく、むしろ、信念の網目を絶えず編み直すことである。他の信念が変化するように、基準も変化する。ある基準をあらゆる改訂から守ることのできるような試金石が、存在するわけではない。プラグマティストが「文化的相対主義」という妖怪に驚かないのは、このためである。他の共同体や文化との交流を、両立しない第一前提から演繹された、相容れない思想体系間の衝突と見るのは誤りである。複数の競合する文化を複数の競合する幾何学のように考え、前者も後者同様、〈公理的構造〉と〈矛盾する公理〉とを有しているため、互いに相容れないものとなっている、とするのは、間違っている。競合する幾何学は、相容れないものとなるよう考案されている。これに対して、個人や文化が持っている信念の網目は、そのように考案されたものではなく、公理的構造を持っているわけではないのである。

なるほど、知識主張を制度化し、ある信念を奉じない者を罰することによって、文化は自衛を図ることが可能である。だが、そのような制度的な支えは、官僚や警察官という形をとるのであって、「言語規則」や「合理性の基準」という形をとりはしない。個々のどの文化も、ある不動の公理――「必然的真理」――を身につけるようになり、それが文化間のコミュニケーションの障壁となる――こういったことを、基準的合理性の観念は示唆してきた。そのため、文化間の対話は不可能であり、可能なのは力による征服だけだと思われてきた。プラグマティックな合理性の観念からすれば、そのような障壁は存在しない。異文化間の差異は、同一文化内の構成員が奉じている理論間の差異と、ただ程度において異なるだけである。例えば、タスマニアの原住民とイギリス人植民者は、コミュニケーションに苦労したが、この苦労は、グラッドストーンとディズレーリが経験したコミュニケーションの難しさと、ただ程度において違っていたにすぎない。他の人々の見解がなぜわれわれの見解と一致しないかを説明し、その不一致という事実がわれわれの他の信念とうまくかみ合うようわれわれの信念を編み直すこと、これは必ずしも容易なことではない。この難しさこそ、今挙げた事例に共通している難しさにほかならない。実証主義者の分析的真理と綜合的真理の区別を一掃するプラグマティズムの議論(とりわけクワインのそれ)は、人類学者の間文化的なものと内文化的なものの区別をも一掃してしまうのである。

われわれを「相対主義者」だとする理由がもう一つある。それは、〈探究は一点に収斂する運命にある――言い換えれば、《真理》は「外に」あって人間が到着するのを待っている〉という考えを、われわれプラグマティストが捨ててしまうことにある。こうした考えは、われわれの目からすれば、宗教的観念を文化の中に持ち込もうとする、不幸な試みである。合理的探究は一点に収斂するであろうという主張の内に維持すべき部分があるとすれば、それはただ、次のような主張だけである。すなわち、われわれは、過去の人々がなぜ誤った見解を持ったかを説明できなければならず、したがって、遅れた祖先をどのように教育し直せばよいかを説明できなければならない、という主張である。われわれは、自分たちは正しい方向に進んでいると思っている。だが、そのことが意味しているのは、クーンの言うように、〈過去に関する物語は、後知恵を使えば、進歩の物語として語ることが可能である〉ということにほかならない。

事実、そのような方向をたどってそのような物語を語ることは、可能である。しかし、その事実は、外で待っている目標に、自分たちがより一層近づいたことを、意味しない。人類が一息ついて「ついにわれわれは《真理》に到達した。もうゆっくりできるぞ」と言えるような瞬間を、想像することはできないであろう。探究や人間活動一般を、増殖するよりも収斂するもの、より多様になるよりもより統一的になるものとして把えるようなメタファーに対して、ファイヤーアーベントはそれを放棄するよう提案している。これは正しい提案である。それどころか、〈科学は芸術と同じように、競合する理論、運動、学派間の、猛烈な競争に、常に彩られている〉という考えを、よくよく味わってみるべきである。人間活動の目標は、休息ではない。むしろそれは、より豊かな、よりよい人間活動である。人類の進歩とは、人間の営みと人間自身とがより一層興味深いものとなるような可能性を、開くことである。予め準備された場所に向かって進んでいくことを、進歩と見誤ってはならない。プラグマティズムの合理性の観念に賛同して、基準的合理性の観念を捨てることは、とりもなおさず、〈われわれは《真理》に対して責任がある〉という考えを、放棄することである。それと引換えに、「真なり」は、われわれの合意しうる信念に対して適用される言葉であり、「正当化された」とほぼ同義であると、考えるべきである。信念は真でなくとも合意可能である――このことが意味するのは、またしても、誰かがもっとよい考えにいきあたるかもしれない〉ということでしかないのである。

このような考え方は、次のような言い方で特徴づけることも可能である。人間は非人間的な力に対して責任を負うという考えを、プラグマティストは捨てたいのである。われわれが望んでいるのは、「価値の客観性」や「科学の合理性」に関する問いが、どれも理解不可能に見えるような文化である。プラグマティストは、自分たちの共同体との連帯を望んでいる。そして、客観性への願望――すなわち、自分たちの共同体を超えるような実在に、触れていたいという願望――を、この連帯への願望に置き換えたいと望んでいる。彼らの考えからすれば、科学者が持っている徳目というのは、力よりも説得に信頼を寄せ、同僚の意見を尊重し、新たなデータや考えに関心を持ち、あるいはそれらを熱心に求めるという、そういった習慣だけである。これらの道徳的徳目のほか、なおその上に、「合理性」と呼ばれる知的徳目があるなどとは、彼らは考えないのである。

この見解からすれば、他の人々よりも「客観的」であるとか「論理的」であるとか「方法的」であるとか「真理に対して献身的」であるとかいった理由で、科学者を称えるいわれはない。しかし、彼らが発達させ、彼らの仕事の場となっている諸々の制度については、多くの理由から、これを称え、これを文化全体の模範とすることができる。というのは、これらの制度は、「強制によらない合意」の観念に、具体性と詳細な内実とを与えるからである。そうした諸制度への言及によって、「自由な開かれた戦い」――真理が勝利を収めずにはおかないような戦い――という観念が、肉付けされることになる。この見方からすれば、そうした戦いにおいては真理が勝利を収めると言ったからといって、人間理性と事物の本性との結びつきに関する形而上学的主張を行なったことにはならない。それは単に、〈できるだけ多くの提案や議論に耳を傾けるのが、信ずべきものを見出す最善の方法である〉と言っているだけなのである。

科学は、〈人間の連帯の範〉という意味においてのみ、模範である――合理性の伝統的諸観念を拒絶する私の考えは、このように要約することができる。確かに、様々な科学共同体を作り上げている制度や実践は、他の文化領域が自己組織化する方途を示唆している。例えばわれわれは、わが立法府は「選挙民を代表していない」とか、「特殊な利害に支配されている」とか言うことがあり、また、芸術の世界は「流行」に支配されていると言うことがある。このときわれわれは、これらの文化領域を、もっとよい状態にあるように見える、別の文化領域と、比較している。そして、自然科学こそ、そういった文化領域だと思っている。だが、われわれプラグマティストは、このよりよい状態を説明するのに、科学の「方法」や「主題」に関する考えを持ち出したりはしない。つまり、〈科学者は他のすべての者が模倣すべき「方法」を持っている〉という考えや、〈他の人々の主題が望ましくない柔らかさを持っているのに比べて、科学者の主題は望ましい堅さを持っており、科学者はこの堅さから利益を得ている〉といった考えを、持ち出したりはしないのである。もしわれわれが、社会学や文芸批評は「科学ではない」と言うとすれば、それによってわれわれが言おうとしていることは、ほかでもない。有意義な仕事、追求すべき仕事の内実に関する合意の総量を比較すると、社会学や文芸批評は、細菌学などの場合よりも、それが少ないということである。

なぜ社会学や文芸批評は合意の総量が少ないのか。プラグマティストによれば、それは、社会や文学テクストが、分子よりも柔らかくて扱いにくいからではない。人文科学が自然科学ほど「価値自由」ではありえないから、というわけでもない。また、社会学者や批評家が、いまだに彼らのパラダイムを見出していないから、というわけでもない。プラグマティストはこういった説明を行なわない。また、プラグマティストによれば、社会学は必ずしも「科学」でなくてよい。彼らの見解からは、〈「人文科学」は自然科学とはまったく異なる趣をおそらく持つべきであろう〉ということが、帰結する。だが、この示唆は、社会の探究は物の探究とは異ならなければならないということを示すような、認識論的、形而上学的考察には基づいていない。自然科学者の主たる関心は、物のふるまいの予測と制御にあるが、予測や制御は社会学者や文芸批評家に求めるべきものではないであろう——こういった所見だけが、彼らの示唆を支えているのである。

　ところが、クーンはこうしたプラグマティズムの立場を奨励していながら、その立場から退いてしまう。彼がその立場から退くのは、「科学はなぜ役に立つか」について、説明を求めるときである。こうした説明を求めることによって、彼は反対者たちと手を結び、左翼の友人たちから離反する。自然科学のすばらしい予測能力は「単なる心理学的理由や社会学的理由」では説明できないとする点で、反クーン主義者は一致団結する傾向にある。クーンは「ヒュームの痒み［＝渇望］」——つまり、「「帰納」も含めて、われわれの生活形式を支えている全言語ゲームに関し、その生存能力を説明[3]」したいという願望——を共有していると言っているが、このとき彼は、反クーン主義者たちと手を結んでいるのである。

　プラグマティストの考えでは、人がヒュームの痒みに悩まされるのは、ある場合に限られている。つまり、その人が、ときおり「ヒュームの二叉フォーク」と呼ばれているもの——「観念間の関係」と「事実の事柄」との区別——で、自分を掻き続けてきた場合だけである。この区別は、現代哲学の内では、「言語に関する問い」と「事実に関する問い」の区別として生き残っている。われわれプラグマティストの考えでは、ウィトゲンシュタイン、クワイン、グッドマン、デイヴィドソンといった言語哲学者は、これらの区別なしにやっていく方法を、われわれに示した。一度しばらくの間、そういった区別をせずに生きてみると、知識と意見、主観的と客観的の区別も、なくてよいことがわかる。後の方の二つの区別が担っている目的は、強制によらない合意の頻度が相対的に低い領域と高い領域という、問題のない社会学的区別によって、担われることになる。したがって、われわれは、〈最近の西洋政治の成功〉に関する説明を渇望しないのと同じように、〈最近の西洋科学の成功〉に関する説明を、渇望したりはしないのである。「経験から学ぶことを合理的でないとする者は、何が言いたいのかわからない」とクーンが言うとき、われわればかし主義者は、彼に対して拍手を送る。だが、「経験から学ぶことに取って代わるような別の合理的選択肢をわれわれが持っていない」[4]のはなぜか、と続けて彼が問うのを見て、驚いてしまう。その理由は、まさしくこうしたところにある。

プラグマティズムの見解によれば、「観念間の関係」と「事実の事柄」との対比は、「われわれの内」なるものと「外」なるもの、主観と客観、信念と、その信念(道徳的、科学的、神学的信念等々)が正しく把えようとしているものという、一七世紀のよくない対比の、特殊ケースである。プラグマティストは、この後者のよくない対比を避けるため、〈われわれの信念〉と、〈それに取って代わるものとして提案された他の信念〉とを対比させる。彼らは、二つの仮説のいずれかを真「ならしめる」ものがあるかどうかについて思い煩うよりも、それらの仮説のいずれを選べばよいかについて思い煩う方がよいと言う。このような態度を取るなら、われわれは、価値の客観性や、科学の合理性や、われわれの言語ゲームの生存能力の諸原因に関する問いを、免れることになるであろう。そのような理論的な問いは、みな、今手にしている価値や理論や実践を維持すべきか、それとも、それらを他のものと取り代えるべきかという、実践的な問いに、取って代わられることになるであろう。そのような取り代えがなされるなら、〈われわれが責任を取らなければならないのは自分たちだけである〉ということになるであろう。

このような主張は、独我論的空想のように聞こえるかもしれない。しかし、プラグマティストは、それを、知的、道徳的責任の本性に関する、もう一つの説明方式と見なしている。〈われわれが責任を負うべき何かが外にある〉というわれわれの直観を解明しようとして、観念と事実、言語と事実、心と世界、主観と客観、といった区別を引き合いに出すのではなく、その直観自体を捨ててしまうこと——これが、プラグマティストの提案である。われわれは今よりももっとよくなれるかもしれない(もっとよい科学理論家、もっとよい市民、もっとよい友人になれるかもしれないという意味で)——こういった考えを良しとするなら、その直観は、捨てられるべきである。その直観を支えているものがあるとすれば、それは、すでにもっとよい人間が他に現実に存在したり、あるいはそういった人間の存在が想像されたりすること（つまり、もっと優れた個人やもっと優れた社会に関するユートピア的空想、ないし、そういった個人や社会の現実存在）でしかないであろう。この説明によれば、責任を負うということは、外の何かを尊重することではない。それはむしろ、パースが「悔い改めの可謬論」と呼んでいるものを意味する。「客観性」への願望は、煎じ詰めれば、別の信念を持っている人々との自由な開かれた戦いを通して、強制によらない合意が最終的に得られるような信念を獲得したいという、そういった願望なのである。

プラグマティストは、探究の目標を、（それがいかなる文化領域の探究の目標であろうと、）〈強制によらない合意〉と〈容認しうる見解の相違〉との適当な混合物を獲得することと、解釈する（その場合、何が適当であるかは、その領域内での試行錯誤によって決定される）。われわれが自分の持っている責任感をそのようにして徹底的に解釈し直すなら、探究の主観／客観モデル、道徳的義務の親／子モデル、それに真理の対応説といったものは、次第に理解しがたいものとなっていくであろう。それらがもはや直観的強制力を持たない世界、これこそが、プラグマティストの楽園なのである。

デューイは〈そのような楽園を創造するよう試みるべきだ〉と盛んに主張したが、そのとき彼は、無責任だという非難を受けた。なぜなら、彼は人々を武装解除してしまい、「ナチスを論破する」手段を与えないと思われたからである。また、われわれ新ぼかし主義者がデューイの基準論放棄を復活させようとすると、「相対主義者」だと非難される。〈君たちは、整合的な見解ならどれでも同じようによいものだと信じているに違いない。なぜなら、君たちは、そのような見解のいずれかを選ぶための、「外部の」試金石を持っていないのだから。妖術師であれ、特殊創造説の擁護者であれ、ともかく、自分の「第一原理」から一群の定理を整合的かつ広範に演繹できるほど聡明で辛抱強い人々に対して、君たちは一般大衆を無防備にするのだ。〉——こう人々は言うのである。

自分たちも、その辺の哲学者とまったく同じように、道徳的に憤ることができる——そうわれわればかし主義者が言っても、納得する者はいない。われわれは、〈正義の怒りが求められている場合でも、悔い改めの可謬論者なのではあるまいか〉と疑われているのである。われわれが、実際に適切な感情を示す場合でさえ、そういった疑念を晴らすことはできない。なぜなら、われわれにはそういった感情を抱く権利がないと、言われるからである。また、われわれが真理に関して知っている(あるいは知る必要のある)いくつかの事柄の内には、〈真理とは、自由な開かれた戦いにおいて勝利を収めるもののことである〉ということが含まれている——こうわれわれが示唆すると、「真なり」を、「われわれの共同体の標準を満たすこと」として定義したと言われる。しかし、われわれプラグマティストは、このような相対主義的見解を持ってはいない。確かにわれわれは、「共同体の外に歩み出て中立的な立脚点に立つことを可能ならしめるような方途は存在しない」と考えている。しかし、「全体主義的共同体に対して自由主義的共同体を正当化する合理的な方途は存在しない」ということを、そこから推論するわけではない。なぜなら、この推論は、まさに、プラグマティストの放棄する、一群の非歴史的原理としての「合理性」の観念を、含んでいるからである。われわれが実際に推論するのは、共通前提に訴えるような議論では全体主義者を打ち負かすことはできず、〈全体主義者は共通の人間本性によってそうした前提を無意識の内に支持するようになる〉と主張しても意味をなさないということ、これである。

〈ぼかし主義者は道徳的邪悪に対して憤る権利がない。また、自分たちの見解を推奨する権利もない。なぜなら、自分たちの見解を真ならしめるような対象が外にあると主張すれば、自己反駁を行なうことになるからである。〉――こういった主張は、まったく理論的論点を先取している。しかし、その主張は、事柄の実践的、道徳的核心に達している。その実践的、道徳的核心とは、〈「強制によらない合意」や「自由な開かれた戦い」のような諸観念――社会状況の記述――は、われわれの道徳的生活において、「世界」、「神の意志」、「道徳法則」、「われわれの信念が正確に表象しようとしているもの」、「われわれの信念を真ならしめるもの」、といった諸観念に、取って代わることができるか〉という問いである。「ヒュームの二叉フォーク」を必要不可欠と思わせるあらゆる哲学的前提は、〈人間の共同体は、非人間的目標を獲得しようと努力することによって、自らの存在を正当化しなければならない〉ということを、示唆するための手立てである。これに対して、「ヒュームの二叉フォーク」を忘れてよい——「外にある」ものに対して責任を負うことを忘れてよい——という示唆は、〈共同体の存在を正当化する手立ては、それ自身を他の現実の共同体や可能な共同体と比較することだけである〉ということを、示唆している。

この対比は、次のような問いを立てることによって、もう少し具体化することができる。自由な開かれた戦いや、そのような戦いを許し奨励するような共同体は、真理や善のためのものなのか、それとも、「真理や善の追求」は、その種の共同体の追求にすぎないのか。科学的探究者の集団や民主的政治制度が例示しているような共同体は、ある目的に対する手段なのか、それともそのような共同体の形成こそが、われわれの求める唯一の目標なのか。デューイはそれを、われわれの求める唯一の目標だと考えたが、それは正しかったと思う。しかし、それが正しかろうと正しくなかろうと、この問いこそ、クーンの「非合理主義」と新ぼかし主義者の「相対主義」に関する論争が、最後にいきつく問いなのである。

デューイは、〈(アメリカという)一地方の貧弱な生き方が持っている、楽観主義と柔軟性とをふくらませて、哲学体系にした〉と非難された。確かにその通りである。だが、こうした非難に対して、彼は答えた。どのような哲学体系も、結局は、ある共同体の生き方が持っている理想を表現しようとする試みになってしまうだろう、と。自分の哲学の卓越性は、それが推奨している生き方の卓越性以外の何ものでもない――これを認める用意が、彼には十二分にあった。彼の見解によれば、哲学は、「理性」とか「貫文化的原理」とか呼ばれる非歴史的なものの光に照らして、ある共同体を支持することを正当化するものではない。それは単に、その共同体が他の共同体に対してどういう特別な長所を持っているかを、詳細に説くものでしかない。このような哲学の在り方を擁護するのにデューイが持ち出す最良の議論は、われわれ連帯の熱烈な支持者が、客観性の熱烈な支持者に対する反論として持ち出す、最良の議論でもある。すなわち、それは、〈われわれの習慣を強化するための、伝統的な西洋の形而上学的、認識論的方途は、もはや役に立っていない〉という、ニーチェの議論である。

　では、これほどぼかし主義的でも地方主義的でもないというのは、どういうことなのか。私見によれば、それは、今のわれわれよりも、思いやりがなく、寛容でなく、心が狭く、可謬論的でないということである。「自文化中心主義」という言葉が、陳腐でない、軽蔑的な意味で用いられるとすれば、つまり、われわれが三〇〇年前の祖先ほど自文化中心主義的でないという理由で自分たちを褒め称えるような、そういった仕方で、その言葉が用いられるとすれば、そのような自文化中心主義を避ける方法は、正確に言って、われわればかし主義者が放棄すると非難されているような種類のものを、実際に放棄することである。それはつまり、信念を変えるための基準として、最も貧弱・粗雑に定式化されたものだけを持つことであり、最もゆるい、最も柔軟な標準だけを持つことである。ここ三〇〇年の間、われわれは、社会がどれほど正義にかなっているか、物理学の理論がどれほどよくできているかを決定するのに、明確なアルゴリズムを使ってきたとせよ。その場合、われわれは、議会制民主主義や相対論物理学を開発したであろうか。またわれわれは、デューイが人々から奪ったと言われるような、ファシストに対する「武器」――すなわち、単なる「われわれの」原理ではなく、「普遍的」、「客観的」な、確固たる改訂不可能な道徳原理――を持っているとせよ。その場合、これらの武器がわれわれの手の中で向きを変え、自分たちの思いやりのある寛容な心をすべて破壊してしまうような事態を、いかにしてわれわれは避けることができるであろうか。

別の例を挙げてみよう。今から数年後、ニューヨーク・タイムズを開いてみると、次のような記事が目に入ったとしよう。――会議に招集された哲学者たちは、価値は客観的であり、科学は合理的であり、真理は実在との対応である等々について、満場一致で合意した。意味論やメタ倫理学における最近の飛躍的進展は、倫理学の分野で最後まで残っていた非認識主義者をして、自説の撤回に至らしめた。科学哲学における同様の進展により、クーンは、〈「実在」するものに関する諸言明を再構成するための理論独立的な方途はない〉という彼の主張を、公式に撤回した。新ぼかし主義者は、みな揃って、以前持っていた見解をすべて否定した。哲学者たちは、哲学という専門的職業が最近引き起こした知的混乱を収拾するため、合理性と道徳性に関する簡潔・明快な一組の標準を採用した。現在、委員会では、審美眼の標準を定める作業が進められているが、来年には、その報告が、会議で採択されるであろう。

この記事に対して世論はどう反応するであろうか。「お見事！」ではなく、「一体哲学者は自分を何様だと思っているのだ」であることは、確かであろう。こうした反応が予想できることは、われわれ西洋自由主義者の知的生活形式が持っている、最もよい点の一つである。今の哲学の無秩序な混乱状態や、役人の背信行為を、どれほど嘆こうとも、われわれは、別の仕方で物事がなされることを、本気で望んだりはしない。どうしてわれわれは、気をゆるめて、新ぼかし主義を享受することができないのか。理由はおそらく、文化的遅延以外の何ものでもない。つまり、啓蒙主義のレトリックは、興隆しつつある自然科学を賛美するにあたって、さほど自由でも寛容でもなかった過去の時代から受け継いだ語彙を用いたが、この事実こそが、それを妨げているのである。このレトリックは、心と世界、現象と実在、主観と客観、真理と快楽という、古い哲学的対立関係のすべてを包蔵していた。近代科学は新たに発明された有力な営みである。それは、かつては存在しなかった、奨励され、模倣されるべき生き方である。またそれは、古いレトリックによる正当化よりも、レトリックそのものの刷新を、必要とする。デューイの考えでは、近代科学のこうした理解が妨げられているのは、そのような対立関係が、相変わらず支配的だからである。

今仮に、デューイのこの考えが正しかったとしよう。そして、そうした対立関係の解体から生じるぼかし主義が、本当は道徳的に不快なものではなく、むしろ精神的な慰めを与えてくれるものであることに、結局われわれは気づくようになったとしよう。その場合、文化のレトリック、とりわけ人文学のレトリックは、どのようになるであろうか。おそらくそれは、「方法」にはさほど言及せず、特定の具体的業績——パラダイム——に言及することが多くなり、そのような意味で、より一層クーン的なものになるであろう。厳密さについてはあまり語られなくなり、独創性について語られることの方が多くなるであろう。偉大な科学者のイメージは、何かを正しく把える人から、何かを新しくする人に変わるであろう。新しいレトリックは、ロマン派の詩や社会主義政治の語彙に一層多く依存するようになり、ギリシアの形而上学や宗教的道徳や啓蒙主義的科学主義の語彙には、あまり依存しなくなるであろう。科学者は、〈理性の光に導かれながら、仮象のヴェールを通り抜けようとして闘っている者〉という自己イメージに依拠するよりも、同じ専門的職業に就いている他の人々との連帯感の方に、依拠するであろう。

こうしたことがみな起こったとすれば、「科学」という言葉は次第に消滅し、したがって、人文学と芸術と科学の対立関係も、消え失せていくであろう。一度「科学」という言葉が尊称的な意味合いを失なうと、分類のためにそれを用いる必要は、なくなってしまうであろう。われわれは、工学と法学とソーシャルワークと医学とを一纏めにするような言葉を、必要とは感じない。それと同じように、古生物学と物理学と人類学と心理学とを一纏めにするような言葉を、必要とは感じないであろう。今「科学者」と呼ばれている人々は、もはや自分自身を疑似聖職階級の構成員とは考えないであろうし、また大衆が、自分たちはそのような階級の監督下にあると考えることもないであろう。

このような状況においては、「人文諸学」はもはや「人文諸学」とは見なされないであろうし、またそれらが共通のレトリックを持つということもないであろう。今「人文学」という見出しの下に纏められている諸学問は、現に数学や土木工学や彫刻がそうであるように、その方法や認識的地位について、思い煩うことはないであろう。それらは、そういったものと同じように、哲学的基礎について思い煩ったりはしないであろう。なぜなら、学問の名称は、「主題となる事柄」を区分する――つまり、互いに「界面」を持ついくつかのまとまりに世界を区分する――とは考えられないだろうからである。むしろ、学問の名称は、流動的な境界を持つさまざまな共同体を表わしていると考えられるであろう。それらの境界が流動的なのは、各共同体の構成員の関心が流動的なのと同じである。こうしたぼかし主義の最盛期においては、自分の学問の本性や地位を意識する必要はないであろう。それは、理想的な民主的共同体では、自分の属する人種や性の本性や地位を意識しなくてよいのと同じである。なぜそういったものを意識しなくてよいかと言えば、この種の自由や無頓着を許し奨励するより大きな共同体が、究極の忠誠の対象となるからである。この共同体は、それ自身の維持・改革、文明の維持向上という目的に奉仕するものであって、それ以上の高い目的に奉仕するものではないであろう。それは、合理性を客観性への願望とは同一視せず、むしろそれを、すでに述べたような努力と同一視するであろう。したがって、それは、相互の忠誠を必要とはするが、それ以上に強固な何らかの基礎については、その必要性を感じないであろう。

注

(1) Thomas S. Kuhn, *The Structure of Scientific Revolutions*, 2nd ed. (Chicago, University of Chicago Press, 1970), p. 206.
(2) *Ibid.*, p. 171.
(3) Thomas S. Kuhn, "Rationality and Theory Choice," *Journal of Philosophy* 80 (1983), p. 570.
(4) *Ibid.*, pp. 569-570.

II　テクストとかたまり

大抵の学問は、小規模な仕事を手際よく慎重に行ないたいという願望と、大きな見取図を描きたいという願望との間を、行ったり来たりする。文芸批評とて同じである。それは、ちょうど今、後者の極にあり、抽象的、一般的、理論的なものになろうとしている。その結果、文芸批評家は哲学に一層の関心を持ち、哲学者がこれに対して返礼するという事態が生じている。このやりとりは、どちらのグループにとっても有益ではある。しかし、ここには、ある種の危険性も見受けられる。それは、哲学に助力を求めようとしている文芸批評家が、哲学をいささかまじめにとりすぎるという危険性である。哲学者は「意味に関する理論」や「解釈の本性に関する理論」を与えてくれており、そうした話題に関する「哲学的研究」は、最近、興味深い、新たな「成果」を生み出している——もしこんなふうに彼らが考えるなら、彼らは哲学をまじめにとりすぎているのである。

哲学も、二つの自己イメージの間を行ったり来たりする。その一つは、クーンの「通常科学」のイメージを範とするもので、哲学は小規模な問題を一つずつ決定的に解決するものとされる。もう一つは、クーンの「革命科学」のイメージを範とするもので、それによれば、旧来の哲学的諸問題はすべて疑似問題として払拭され、哲学者は現象を新たな語彙で記述し直すのに忙しい。今日「文学理論」と呼ばれている分野は、主に(最近フランスとドイツで流行している)後者の種類の哲学から、多くのものを得ている。ところが、不幸にもそれは、前者の種類の哲学に多くを負っているかのように、しばしば自らを描こうとしてきた。それは、初期の分析哲学の特徴であった、科学主義的なレトリックを用いている。すなわち、文学テクスト、文学史、文学の標準リストの作成に対して何らかの有望なアプローチを採用するとき、しばしば批評家は、「……であることはすでに哲学が示している」という言い方で、これを正当化するのである。

哲学も、文芸批評と同じように、「決定的成果」を生み出すものではなさそうだということを、批評家はよくよくわきまえておいた方がよい(ここで言う「決定的」は、細菌学はある病気に対する免疫の作り方を「決定的」に示すことができる、とか、核物理学はもっとよい爆弾の作り方を「決定的」に示すことができる、とか言う場合の「決定的」と、同じ意味である)。だがそれは、哲学や文芸批評には好ましくない「柔らかさ」がある、ということではない。それはただ、〈求められるものに関する合意が、医学や軍需産業の場合ほどには得られていない領域が、数多くある〉という事実を、例を挙げて示したにすぎない。批評家には、お気に入りの哲学者がいた方がよい(し、哲学者にも、お気に入りの文芸批評家がいた方がよい)。その場合、お気に入りの選択基準は、自分の求めるものにうまく合うかどうかである。もし文芸批評家が、大きな見取図を見、大きな物語を語りたいと思うなら、彼は、小説家や詩人や批評家仲間の標準リストを作成する場合と同じことを、哲学者について行なわなければならないであろう。[1] ジェフリー・ハートマンがいみじくも言っているように、「理論自体がこれまたテクストにほかならず、特権的地位を享受しているわけではない」[2]のである。

(「解釈」や「知識」や「真理」や「意味」のような大いなるものに関する)一般理論を手に入れたいという欲求は、ジェイムズやデューイが視野に収めようとしたのと同じ種類の欲求である。彼らはこれを行なうにあたり、ヘーゲルと同じように、〈理論は、具体的業績の前提であるよりは、具体的業績の後からやってくるものである〉と主張した。このプラグマティズムの見解によれば、「理論的」スタイル——すなわち、定義に強く依存する「アリストテレス的」スタイルや、一般化に依存する「ガリレオ的」スタイル——が役に立つのは、主として、過去の業績を簡潔に定式化するという、教育上の目的に対してである。プラグマティズムが文芸批評に適用されると、批評家は、自分の行なっていることが「科学的」であるかどうかで悩む必要はなく、非理論的な物語的スタイルの採用によって「主観的」に見えることになっても、それを恐れる必要はないことになる。われわれは、主観性を恐れたり、方法論を熱心に求めたりする必要はない。ただ、不公平な比較を行なうことによって、自分たちの目から見て英雄と思しき者を誉め称え、また自分たちの目から見て悪人と思しき者を呪うことに、着手するだけでよいのである。自分たちの英雄選択が、それに先行するもっともらしい諸原理によって、強いられ、あるいは保証されたものであることを、われわれは決して示そうとしてはならない。このことを、プラグマティストは強く主張する。プラグマティストにとって、自分の好みの文学テクストと最も好まない文学テクストとの関わりを語ることは、宇宙の本性を語ろうとする「哲学的」な企てと区別されるべきものではない。後者は、自分の最も好きなものと最も嫌いなもののすべてを際立たせるものであり、それゆえ、前者は後者の一種でしかないのである。「科学的」であろうとする誤った試みは、教育上の工夫——すなわち、物語の要点を簡潔な小さな定式に纏めるための工夫——と、真理を発見するための方法とを、混同しているのである。

以下では、今行なった素描を十分なものにするため、先ず、真理の本性と科学の本性に関するプラグマティズムの見解を、一般的に説明する。それから、〈プラグマティズムの視点からすれば、「意味」観念はどのように見えるか〉という問いに、話題を移すことにする。これら二節で私が主張したいのは、次のようなことである。われわれは、別個の平行するメタ語彙——精神科学(Geisteswissenschaften)のためのメタ語彙と自然科学(Naturwissenschaften)のためのメタ語彙——を設けなければならないというディルタイの示唆を、受け入れてはならない。むしろ、化学者のかたまり分析にあてはまらないような哲学的教説は、文芸批評家のテクスト分析にもあてはまらないであろうと、考えるべきなのである。

プラグマティストの言によれば、「真理は実在との対応である」という伝統的な考えは、額面通りには受け取れない時代遅れのメタファーである。ある種の真なる言明——例えば「猫がマットの上にいる」——は、実在の別のまとまりと対にして、その諸部分を別のまとまりの諸部分と繋ぎ合わせることができる。ところが、ほとんどの真なる言明——例えば「猫はマットの上にいない」、「超限数が存在する」、「快楽は苦痛よりもよい」——については、それができない。世界の中の何らかのものを、すべての真なる言明の各部分と対にし、何らかの第一階の関係を、すべての適切なメタ言語的関係と対にするような、そういった形而上学的図式を仮にわれわれが構築するとしても、それでもなお、事態は好転しないであろう。なぜなら、われわれはそれでもなお、自分たちの使用する第一階の言語そのものが「実在に対応する」かどうかという問題に、直面せざるをえないからである。つまり、われわれは、猫や数や善について語ることが宇宙をまとまりへと分けるための正しいやり方かどうか、自分たちの言語は実在をその繋ぎ目のところで切っているかどうか、といったことについて、悩まざるをえないのである。〈真理は対応であるという直観は、解明すべきものではなく、むしろ根底からなくしてしまうべきものである〉とプラグマティストは結論する。(3) この見解によれば、〈実在は「本性」を有しており、それに対応するのがわれわれの義務である〉という考えは、〈正しい言葉を唱えれば神々を鎮めることができる〉という考えの、一変種にすぎない。〈人類が宇宙を扱うのに使用してきた言語の内のあるものだけが、宇宙の好む言語——すなわち、ものをその繋ぎ目で切るような言語——である〉という考えは、見事な思いつきではあった。しかし、今ではあまりに古臭いものとなり、いかなる目的にも役立たなくなっているのである。

真理に関するこのような議論に対しては、通常、真理から事実性へ主題を変えるという対応がなされる。つまり、科学は堅い事実を扱うものであり、文化の他の諸領域は、盲目的事実性を尊重する科学者の態度を模倣するか、あるいは、それができないことを認めるべきだと言うのである。こうなると、プラグマティストは、第二の議論に訴える。彼は、科学の本性に関するある分析を提示する。すなわち、事実の「堅さ」とされているものを、ある言語ゲームを選択したことから生じる人為的産物として、解釈するのである。特定の制御不可能なことが起こると、ある参加者が負けまたは勝ちとなるようなゲームを、われわれは作っている。例えば、マヤ族のある球戯では、競技中に月食が起こると、月の神と関係するチームが自動的に負けとなり、処刑されることになるらしい。ポーカーでは、周知のように、エースに終わるスペードのストレートフラッシュのカードが配られると、その人の勝ちとなる。研究所では、リトマス試験紙が青変したり、水銀がある高さまで上がらなかったりすれば、仮説は信頼されなくなるであろう。コンピューターがある数をはじき出すと、仮説は「実在世界によって検証された」という合意がなされる。これらの事例のいずれにおいても、事実の堅さは合意の堅さでしかない。つまりそれは、共同体内部で、ある出来事の帰結に関する合意が予めなされている場合に、その合意の持っている、堅さなのである。道徳や文芸批評の場合でも、誰が負けとなり誰が勝ちとなるかについて、当該共同体が、同様の堅固な考えを持っていれば、その場合に限って、同じ堅さが支配することになる。ある共同体では、トランプのいかさまや、異部族間での婚姻を、あまり深刻には考えない。けれども、他の共同体では、そうしたことが、仲間の人間を扱うのに決定的なこととされるかもしれない。スタンリー・フィッシュの「解釈共同体」のあるものにおいては、「リシダス」を「本当に」間テクスト性に関わるものとして解釈するような人は、放逐されてしまう。ところが、他の「解釈共同体」では、そうした解釈をする人だけが、受け入れられるのである。

所与《データ》の堅さに関するプラグマティズムのこうした分析は、出来事が有する因果的・物理的な力を、出来事の帰結が有する単なる社会的な力と混同しているように、見えるかもしれない。例えば、ガリレオが自分の望遠鏡で木星の月を見たとき、彼の網膜上の刺激から帰結するものは、確かに共同体ごとに違っていたとしても、その網膜上の刺激自体は、今問題になっているような意味で、「堅い」ものであった、と言われるかもしれない。木星の月は、パドヴァの天文学者たちにとっては、アリストテレス風の宇宙論に何とかして組み込まなければならない、変則事例の一つにすぎないものであったが、ガリレオを崇拝する人々にとっては、水晶天球を一挙に粉砕してしまうものであった。しかし、そういった、所与が受け取る解釈を別にすれば、所与そのものは、まったく、それ自体としてあるがままのものである、というわけである。

プラグマティストは、自分自身を観念論者と区別することによって、この問題に対処する。彼は、盲目的な物理的抵抗のようなもの——例えば、ガリレオの眼球に対する光波の圧力や、ジョンソン博士の長靴に対する石の圧力——が存在することに同意する。しかし、彼には、この非言語的盲目性を、事実——つまり文の真理——に移す方法がわからない。未刻印の硬貨が、それに押される打ち型の形を受け取る仕方は、文の真理と文の対象となっている出来事との間の関係と、いささかの類似性も持っていない。打ち型が硬貨を打つとき、ある因果的なことが起きるが、それが仮に一つのことであっても、その因果的な事件を記述するための言語と同数の多くの事実が、それによって世界の中に持ち込まれることになる。ドナルド・デイヴィドソンの言うように、因果関係は記述の下にはないが、説明は、記述の下にある。事実は雑種的存在である。つまり、文の主張可能性の原因は、物理的刺激と、そうした刺激にどう反応するかに関する先行するわれわれの選択との、いずれをも含んでいるのである。〈事実を尊重しなければならない〉と言うのは、〈言語ゲームを行なうときには規則に従わなければならない〉と言うのと同じである。〈われわれは無媒介の因果的な力を尊重しなければならない〉と言っても、意味をなさない。それは、〈硬貨は押された打ち型を尊重しなければならない〉と言うようなものである。硬貨は選択を行なわない。われわれとて同じである。

哲学の伝統は、硬貨の全き受動性に近づく方法を、強く求めてきた。それは、言語を、われわれと世界との間に、クッションのように挿入されたものと見なした。それは、言語ゲームの多様性や解釈共同体の多様性によって、因果的圧力に対するわれわれの反応の仕方がそれだけ多様化することを嘆いた。それは、われわれが機械になり、われわれの器官に実在の圧力がかかったとき、それに「直接」反応して、真なる言明を自動的に発するようになることを望んでいる。プラグマティストの考えは、これとは対照的である。プラグマティストの考えによれば、〈言語は因果的な力の効果を緩和するクッションである〉というメタファーは、いくらひねくり回しても、実りあるものとはならない。しかも、そのメタファーがなくなれば、〈理想言語や理想的経験理論は、実在の盲目的衝撃をできるだけ直接的に言明や行為へと翻訳していく、極度に薄いクッションである〉という伝統的な考えも、これまた崩れてしまうのである。

プラグマティストは、堅さや直接性に言及するこうしたマゾヒスティックな語り方を、すべて別のメタファーに取り換えるよう提案する。〈言語行動は道具の使用である〉とか、〈言語は、因果的な力を把捉し、それにわれわれの欲することをさせ、われわれ自身と環境とをわれわれの望みに合うように変えるための、一つの手立てである〉とかいったメタファーが、それである。こうしてプラグマティストは、彼に反対する実在論者とは逆に、受容性を犠牲にして、自発性を称揚する。そうすることによって、彼は、自分がロマン主義と絶対的観念論の恩恵を被っていることを、示すのである。しかし、プラグマティストは、哲学的議論によって――つまり、〈宇宙の本性や知識の本性に関する新たな発見によって、真理の本性はかつて考えられていたのとはまったく異なるものであることがわかった〉と主張することによって――自分のメタファーを正当化しようとはしない。彼は、あれやこれやの本性に訴えるアリストテレス的なやり方を、きっぱりと放棄する。そして、その代わりに、デューイのように、自分が嫌うメタファーによって西洋思想の歩みがどのように損われたかを、語るのである。哲学における彼自身のテクニックは、彼が文芸批評に推奨するのと同じ、あのホメロス風の物語的スタイルである。それゆえ、批評家にそうしたスタイルを推奨する根拠は、文学や批評に関する理論の内にあるのではなくて、ある物語の内にある。この物語は、その細部の仕上げに際して、文芸批評家の助力が望まれるような、そういったものである。プラグマティズムの哲学者は、自分の好みの本と最も好まない本――例えば、プラトン、デカルト、ヘーゲル、ニーチェ、デューイ、ラッセルのテクスト――について、語るべき話を持っている。彼はまた、他の人々が、他の一連のテクスト――つまり、他のジャンル――について、彼の話とうまくかみ合うような話ができることを、望んでいる。彼は、科学の本性や言語の本性に関する最新の哲学的発見に訴えたりはしない。彼が訴えるのは、ある事実である。すなわち、他の人々(例えば大きな見取図を求めている現代の批評家たち)が持っている、ある事柄に関するある見解に対して、それと呼応するような、科学や言語に関する見解がある、という事実である。

以上に述べてきたことは、ウォルター・マイケルズの考えでもある。彼は、アメリカのプラグマティズムを、解釈の本性に関するフィッシュ風の説明と繋ぐような仕事をしている。マイケルズは、こうした態度を要約して、次のように言う。「われわれの信念は、われわれと意味とを隔てるものではない。われわれの信念こそが、意味を可能にするのである。(4)」この主張は、もっと一般的な主張の系と見ることができる(しかも、そう見るのが最善であろう)。私は、プラグマティズムを説明するにあたり、このことがわかってもらえるよう、心がけたつもりである。その一般的な主張とは、次のようなものである。われわれの信念や理論や言語や概念――要するに、カントが「自発性」の側に置いたすべてのもの――は、所与の堅さから身を守るためのものではなく、ましてや、われわれから対象を隠してしまう、ヴェールのようなものではない。それらはむしろ、宇宙の因果的な力をわれわれに役立つようにするための手立てと、見られるべきものである。――テクストの場合、こうした力は、われわれの網膜上に、小さな模写像を映すだけである。それから先、その模写像と他の何らかのもの――他のテクスト、作者の意図、人生の価値、詩の執筆当時の出来事、今世紀の出来事、自分の人生に起こったこと、その他、所与の状況において適切と思われるあらゆるもの――との関係を語り、それによって、その模写像から何かを作り出すのは、われわれの仕事である。こうした話が本当に適切かどうかを問題にするのは、アリストテレスの質料形相説や、ガリレオの数学化が、惑星の運動を記述するのに本当に適切であるかどうかを問題にするのと、同じようなものである。プラグマティズムの科学哲学の観点からすれば、そのようなことを問題にしても意味をなさない。唯一問題となるのは、惑星をその言語で記述した場合に、われわれは惑星に関する話を、自分が語りたいと思っている他のすべての話とうまくかみ合うような仕方で語ることができるかどうか、である。

しかし、プラグマティズムの科学哲学からフィッシュ風の文学解釈の哲学へと論を進めていく者は、化学と批評の見かけの違いを説明しなければならなくなるであろう。化学者が扱う堅い対象と、文芸批評家が扱う柔らかい対象には、違いがあるように見える。この見かけの違いを理由として、ネオ・ディルタイ主義の理論は説明と理解の区別に固執し、ネオ・ソシュール主義の理論はかたまりとテクストの区別に固執する。プラグマティストはどちらの区別にも反対するが、説明を要する見かけの違いがあることを、彼も無視するわけにはいかない。実際、〈金は硝酸には溶けない〉という化学者の発言は、真偽のほどが明らかである。ところが、〈新批評や精神分析的批評や記号論的批評の道具立てでは、『ねじの回転』や『ハムレット』などの問題は解けない〉という批評家の発言は、それとは性格を異にする。なぜなら、この発言は、もっと強力な成果を引き出すよう、当該学派を挑発するものだからである。

この違いの標準的処理法となっているのは、カントの観念論的方法である。カントの考えでは、堅い対象とは、われわれが規則に従って構成するもののことである。つまり、われわれの超越論的諸能力中には、不可避の諸概念が埋め込まれているが、この諸概念の規定する規則に従って構成されるのが、堅い対象なのである。これに対して、柔らかい対象とは、われわれがどんな規則にも縛られずに構成するもののことである。このカントの区別は、伝統的な認識的／美的という区別の、超越論的土台をなしている。だがそれは、ヘーゲルの提示する弁証法的な理由からしても、デューイの提示する進化論的な理由からしても、満足のいくものではない。規則を定式化するには、それを破るとどうなるかが言えなければならない。規則に従うかどうかが関心の対象となるのは、それが言われたときである。ヘーゲルに倣って、規則を歴史の段階や文化的産物と見始めると、規則に支配された行動と戯れの行動とを分けるカントの区別は、ぼやけることになる。だが、ヘーゲルは、自然科学を、《精神》の自己意識のかなり初期の原初的形態と見なければならなかったのに対し、デューイは、化学と文芸批評と古生物学と政治と哲学とを、すべて、ともに歩んでいくものとして見ることができる。つまり、それらは関心が異なるだけで、認識的地位には違いのない、対等の仲間だというわけである。信念を信念ならざるものと比較して、それらが対応しているかどうかを調べること、これを不可能とした点で、ジェイムズとデューイは、カントを評価した。けれども、彼らがいみじくも指摘したように、それは、信念の対象たるべきものが外に存在しないということではない。探究を行なう化学者や批評家に対して、金やテクストは因果的に独立である。だがそれは、当該対象から人間の関心を剝ぎとってそれをそれ自体としてあるがままに見、しかる後に、われわれの信念がそれにうまく合っているかどうかを見るという、できもしない離れ業が、彼らには可能である、ということではない(また、そういった離れ業を彼らはなし遂げるべきだ、ということでもない)。したがって、規則に支配された直観の綜合によって金を構成することと、自由な戯れの綜合によってテクストを構成することとの間に設けられた、カントの区別は、放棄されなければならないのである。

　プラグマティストは、この観念論的定式を捨て、金やテクストの盲目的・非人間的・因果的強制力を、全面的に受け入れる。但し、彼らの考えでは、この強制力は、いわゆる志向的強制力とは別物である。言い換えれば、ここで言われる強制は、ある記述の仕方――すなわち、対象それ自身が自らを記述する場合の記述の仕方――しか許さないということではないのである。ある言語ゲームに関する合意がすでになされている場合には、われわれに対する対象の因果作用は、われわれにある信念を抱かせることができる。だが、対象がわれわれの抱くべき信念を示唆するわけではない。それは対象のなしうることではない。対象にできるのは、われわれに刺激を与えることだけであり、その刺激に対する反応として、われわれの実践は、予めプログラム化されているような仕方で、信念を変えるのである。それゆえ、堅い対象と柔らかい対象との間に感じられる違いを解釈せよと言われた場合、〈その違いは、ある制度(化学)と別の制度(文芸批評)との間の規則の違いである〉と、プラグマティストは答える。プラグマティストは、スタンリー・フィッシュと同じように、「事実はすべて制度的であり、それに先立つ何らかのそういったもの[社会的規模の合意]を有する制度によってのみ、事実なのだ[5]」と考える。制度的でない事実を得る唯一の方法は、対象を記述するための対象自身の言語を見出すことであろう。だが、そのような言語は、対象の因果的な力同様、〈われわれのもの〉ではない。もしそういった空想を捨てるなら、どんな対象も他の対象より柔らかく見えたりはしないであろう。むしろ、制度間には、内的多様性や、複雑さや、最終的に求められるものに関する合意において、程度の差があるといった具合に見えるであろう。

以上が、真理と科学に関するプラグマティストの見解である。次に、私の同僚のE・D・ハーシュ・ジュニアが提起したある問題を、論じることにしよう。ハーシュは、テクストの意味を抽出すること(通常の歴史的客観性のテストが適用される仕事)と、その意味を他の何かに関係づけることとを区別し、それによって、客観的解釈の可能性を肯定する議論を行なっている。ハーシュは後者の活動を、テクストの意義(significance)の発見と呼び、これをテクストの意味(meaning)の発見と区別している。私もハーシュ同様、何らかのこういった区別が必要だと思う。また、「科学における思考と人文学における思考との間には断絶があると、大々的に言われているが、そんな断絶はない」[6]と彼は言う。この点についても、同感である。それに、科学哲学と文学理論は手を組むべきだと示唆する点でも、彼は正しいと思う。しかし、彼の言う「意味」と「意義」の区別は、ある点で誤解を招くものと思われる。私はプラグマティズム(とりわけデューイ)の特徴である、全体論的戦略を採る。これは、そのような二元論のいずれをも、存在論的、方法論的、認識論的分割を承認するものとしてではなく、むしろ、あるスペクトル上の諸領域を一時的に区分けするための便宜として、解釈するものである。それゆえ私は、そのようなスペクトルを構成し、ハーシュの二元論を論評するための発見的工夫として、それを用いたいと思う。

次の表を見られたい。そこにはテクストの欄とかたまりの欄がある。このテクストとかたまりの区別は、おおよそ、作られるものと見出されるものの区別に対応している。範型的なテクストとしては、原始部族の構成員やアリストテレスやブレイクが言ったり書いたりした、ある不可解なものを考えられたい。壺のような非言語的人工物は、テクストの境界事例である。かたまりとしては、人文学者や社会科学者よりも、自然科学者に分析を依頼するようなもの――例えば、金やステゴザウルスの胃の化石であることが判明するような類いのもの――を考えられたい。丸められた合成樹脂の袋は、かたまりの境界事例である。客観性に関する大抵の哲学的反省――大抵の認識論や科学哲学――は、かたまりに注意を集中してきた。解釈に関する大抵の議論は、テクストに注意を集中してきた。解釈の客観性に関する多くの論争は、テクストとかたまりの平行関係を極力強調すれば、取り除くことができると思われる。特に、われわれがクーン的科学哲学から始めるなら、解釈の妥当性についてハーシュが言いたいことのほとんどを、われわれは維持することができる。したがって、彼の見解は、私が擁護しようとしているデューイ＝ウィトゲンシュタイン＝デイヴィドソン＝クーン流のプラグマティズムと、調停させることが可能である。私は、このことを、ハーシュに納得させたいと思う。

「テクスト」の下のIIからVは、「意味」の四つの可能な意味と考えることができる。同じく、「かたまり」の下のIIからVは、「自然」の四つの意味と考えることができる。そして、い

テクスト	かたまり
I　記銘(inscription)の音韻的もしくは図形的特徴(言語学の領分)	I　かたまりの感覚的な現われと空間・時間的な位置(ここでは錯覚を避けることが肝要)
II　作者にすぐ理解されるような言い方でなされた，彼の記銘に関する問いに対して，彼が理想的条件下で答えるであろうところのもの	II　かたまりの現われの背後に潜んでいる実在的本質——神や《自然》がかたまりをどう記述するか
III　作者が彼の記銘に関するわれわれの問い——彼がそれを理解するには再教育の必要があるものの(ケンブリッジで教育された未開人や，フロイトやマルクスをわがものとしたアリストテレスのような人のことを考えられたい)，今日の解釈共同体にとっては容易に理解できるような問い——に，理想的条件下で答えるであろうところのもの	III　われわれの「通常」科学の，その種のかたまりを専門に扱う部門(例えば，化学者が行なう型にはまった分析や，生物学者が行なう型にはまった同定)によって記述されるものとしての，かたまり
IV　そのテクストが属する一連の記銘に関するある人の革命的な見解(〈それがどの一連の記銘に属するか〉ということに関する革命的な示唆をも含む)において，そのテクストが演じる役割——例えば，ハイデッガーにおけるアリストテレスのテクストや，ブルームにおけるブレイクのテクストの役割	IV　科学革命家——化学であれ昆虫学であれ，ともかく何らかの科学をもう一度やり直して，現在の「通常の」化学的分析や生物学的分類が「単なる見せかけ」であったことを暴露したいと思っている人——によって記述されるものとしての，かたまり
V　そのテクストが属する「種類」以外の何かに関する，ある人の見解において，そのテクストが演じる役割——例えば，人間本性や，私の人生の目的や，今日の政治などに対するその関係	V　そのかたまりを扱ってきた当該科学以外の何かに関する，ある人の見解において，そのかたまりないしその「種」のかたまりが占める場所(例えば，化学における金の役割とは違って，国際経済，16世紀の錬金術，アルベリッヒの空想生活，私の空想生活等々における，金の役割)

ずれのIIからVも、レヴェルに応じて配列された、それぞれの言葉の四つの定義と見なすことができる。プラグマティストが科学哲学から引き出してくる論点、すなわち、文学理論の諸問題に対する彼の態度を決定している論点となっているのは、〈「かたまり」の下のレヴェルIIの定義は、有益な考えではない〉という主張である。科学哲学や言語哲学における反プラグマティスト(例えば、クリプキやボイド)は、「実在的本性」とか「実在的本質」とかいったものが存在すると考える。しかし、プラグマティストの見解によれば、われわれにできるのは、よりよい唯名的本質と、あまりよくない唯名的本質——つまり、かたまりに関するより有益な記述とあまり有益でない記述——を、区別することだけである。〈科学的探究は、かたまりの、実際の、本当の、それ自体としての在り方に向かって収斂する〉という考えは、プラグマティストには不要である。それゆえ、プラグマティズムの科学哲学者は、ハーシュの「意味」と「意義」の区別を、それ自体としての意味と、われわれにとっての意味の区別として解釈し、〈すべて本質は唯名的である〉という言葉をまだ持っていない時代遅れのアリストテレス主義者として、ハーシュを片付けてしまいたいと思うかもしれない。(7)

だが、そのような片付け方は、性急にすぎるであろう。なぜなら、テクストのレヴェルIIに意味を持たせるのに使用でき、また実際使用されてもいるが、かたまりのレヴェルIIに意味を持たせるのには使用できないようなものが、明らかに存在するからである。「作者の意図」と言われるものが、それである。テクストの場合には、作者の意図に関する仮説を、どのように形成し、また擁護するかを、われわれは知っている。だが、かたまりの場合にはそうではない。これこそ、テクストとかたまりの、唯一の興味深い違いである。私は、ハーシュがヴィコに対して行なった再解釈を再度解釈し直して、次のように主張したい。すなわち、〈レヴェルIIは、テクストにとっては意味をなすが、かたまりにとっては意味をなさない〉という事実は、「人間界は本当に知ることができるが、自然界はそうではないという、ヴィコの洞察[8]」の内にある、真理の核心である、と。また、次のようにも主張したい。実在論的、反プラグマティズム的科学哲学の源泉は、啓蒙主義の特徴である、《自然》に神の代わりをさせようとする試みにある、と。この試みは、自然科学を、単に周囲の事物との交渉を容易にするための手立てにしようとするものではない。それはむしろ、自然科学を、われわれ自身にではなく、ある力の意志に従うための、手立てにしようとする試みである。私の説明では、われわれの完全な知識の理想は、われわれが時おり得ている、他人の心の状態についての共感的知識である。実在論的認識論は、この種の知識を、かたまりに関するわれわれの知識に持ち込もうとする、不幸な試みであった。ニーチェの言うように、「実体概念は主体概念からの帰結であって、その逆ではない。[9]」かくて、自然科学についての実在論的解釈は、物理科学に精神科学を模倣させようとする、見込みのない試みなのである。しかし、ひとたびわれわれが原始的アニミズムを放棄し、プラトンやアリストテレスが試みた、より洗練された形での自然の擬人化を放棄するなら、われわれは次のことを認めることができる。すなわち、かたまりの内実は、今それをどう記述するのが便利であるかによって決まるにすぎない。つまり、かたまりは、人の場合とは違って、「内面」を持ってはいないのである。それゆえ、ハーシュは、実在論的科学哲学をもっともらしく見せることによって、レヴェルIIの「意味」がテクストにふさわしいということを示したいと思っているが、私が望んでいるのはその反対である。つまり、私が望んでいるのはハーシュが意味(彼の言っている意味で)の探究の客観的妥当性について言っていることをすべて認め、それによって、〈実在論的科学哲学がまずいものである〉ということを、示すことである。〈ハーシュがテクストのレヴェルIIのところで求めているものは、確かに得ることができる〉と、私は主張したい。だが、それは、ほかでもない。〈かたまりについてはその種のものをまったく得ることができない〉ということを、繰り返し徹底させたいからである。

　しかし、〈かたまりの化学的組成の場合と同じ種類の客観性を、作者の心についても得ることができる〉というハーシュの主張に同意するとしても、意味と意義とを区別する彼のやり方には、同意できない。ハーシュは、これらの言葉を、次の箇所で定義している。「「意味」とは、テクストの字義通りの意味の全体のことであり、「意義」とは、別の文脈――例えば、別の心、別の時代、より広い主題、異質の価値体系など――との関係における、テクストの意味のことである。言い換えれば、「意義」とは、それ自身を超えたある文脈――それはいかなる文脈であってもよい――と関係づけられたものとしての、テクストの意味のことである。[10]」彼は、これらの定義に基づいて、「認識の立場からすれば、妥当な批評は妥当な解釈に依存する[11]」と言うことができる。ここで言う「批評」は、意義の発見のことであり、「解釈」は意味の発見のことである。これらの互いに絡み合った区別は、ある主張によって支えられている。それは、「もしわれわれが意識内容をその文脈から区別することができなければ、われわれは世界のいかなる対象も知ることができないであろう[12]」という主張である。

私が採っているウィトゲンシュタイン的な観点からすれば、意識内容と志向対象とに関するハーシュのフッサール的な話は、別の話に置き換えることができる。思考の対象に関するわれわれの合意能力についての話――すなわち、〈同じ指示表現を用いているどのような命題を受け入れるかについて、他の命題の真理値について見解が異なる場合でも、合意することができる〉という話――がそれである。私の見るところでは、ウィトゲンシュタインが言うように、「直観」(や、「意識」や「志向性」)についての話は、不必要な小細工である。それは、われわれの言語使用を説明することができず、われわれが言語使用をそれ以上に遡れないものと見なす場合には、不要となってしまう。[13]プラグマティズムは、知識を心と対象との関係とは見ず、大雑把に言えば、力よりも説得によって合意に至る能力と見る。この観点からすれば、対象Xと、それが置かれる文脈との違いは、二つの命題群の違いでしかない。つまり、大雑把に言えば、今前提され、疑問視されていない、語「X」を使用する命題と、今論争の対象となっているそうした命題との違い以上のものでは、決してないのである。対象について話すこと――対象を、われわれが話したいと思う別の事柄の文脈に置くこと――を除いては、対象を同定する手立てはない(このことは、私見によれば、直示的定義の考えに対するウィトゲンシュタインの批判の、一つの教訓である)。われわれがテクストやかたまりの記述に用いる諸命題は、別のテクストやかたまりに言及したり、別のテクストやかたまりを前提したりしている。われわれがテクストとかたまりについて知っていることは、当のテクストやかたまりが、そういった別のテクストやかたまりとどのように関係しているか、ということだけである。レヴェルIでは、あるページに見出されるもの、その活字で印刷された場合にはこのように見えるもの、そういったものが、アリストテレスのテクストにほかならない。レヴェルIIでは、例えば、再教育されていないアリストテレスが自分のテクストについて言うであろうことが、アリストテレスのテクストの意味である。レヴェルIIIでは、ヴェルナー・イェーガーのような人が彼のテクストについて言っていることが、そのテクストの意味となる。レヴェルIVでは、例えばハイデッガーがそれについて言うことが、また、レヴェルVでは、例えば私がここでそれについて言っていることが、そのテクストの意味なのである。

あたかも、変化する記述の持続する基体を求めているかのように、〈すべてのレヴェルで同一にとどまるものは何か〉を問うとすれば、それは間違っている。コミュニケーションや説得を可能にするのに必要なもの、それゆえ、知識を可能にするのに必要なものは、レヴェルからレヴェルへと動いていくのに必要な、言語に関するノウハウだけである。そのノウハウの獲得を説明するのに、それぞれのレヴェルで意識に現前する何らかの対象――テクストそのもの、テクストの本当の意味、かたまりそのもの、かたまりの実在的本質といったもの――を、措定する必要はない。必要なのは、何を話題としているかについて、合意が得られるということだけである。そして、これはまさしく、しかるべき名辞を使用する相当数の命題に関して、合意が成立することを意味している。どのレヴェルの命題も、そういった役割を果たすであろう。ハーシュと「意味論的自律理論」(ハーシュはこれを新批評家と脱構築主義者に帰している)とに共通な認識論的伝統は、〈これらのレヴェルの一つが、他のそれぞれのレヴェルにおいて「われわれが本当に話題にしているもの」として、選び出されなければならない〉と主張する。ハーシュも、意味論的自律理論も、〈そのレヴェルにおける意味の知識が他のレヴェルの議論の基礎をなす〉と主張する。しかし、この共通の説は、私の見るところでは、現象主義的経験論者と現象主義に対する現在の実在論的リアクションとに共通の説――つまり、〈レヴェルI(現象主義の場合)ないしレヴェルII(実在論の場合)は、(かたまりの場合に)「指示を決定する」レヴェルとしての特権を有している〉という説――と、同じようなものである。プラグマティズムの視角からすれば、あるレヴェルに特権を与え、それを探究の基礎として前面に出すということの考え全体は、対応としての真理という考えを救おうとする、もう一つの不幸な試みである。クリプキと彼に反対する人々が、かたまりの持つ顕著なかたまり性に過度に心を奪われているのとまったく同じように、ハーシュと彼に反対する人々は、どちらも、テクストの持つ顕著なテクスト性に心を奪われすぎているのである。われわれは、同一性を捜し求めようとするよりも、テクストとかたまりを、関係の推移的網目の結び目へと、解消すべきなのである。

あるレヴェルに特権を与えようとする試みに対してなされた批判は、不幸にも、一種のばかげた相対主義を生ぜしめた。かたまりに関する奇妙な自然神秘主義者の見解は、化学教授の見解と「同等である」(ファイヤーアーベントの言うように)とか、自由連想によるテクスト解釈は、通常の文献学的解釈ないし歴史的解釈と「同等である」とかいったことを、それは主張する。だが、そのような文脈で、「同等である」という言葉が意味しているのは、「認識論的に同等である」ということでしかない。そのように解釈すると、その主張は、真ではあるが、陳腐なものとなる。単なる認識論的根拠の知らしめることからすれば、どんな人でも、どれほど風変わりに見える人でも、あるテクストの意味ないしあるかたまりの本性に関する、新たなすばらしい説明の創始者たりうるのである。その人が本当にそうであるかどうかは、時が語ってくれるであろう。だが認識論はそれを語ってはくれないであろう。科学哲学も、記号論も、その他〈可能な気のきいた新たな考えのすべて、可能な未来のすべてに対して、それを分類する〉と称するどんな理論も、それを語ってはくれないであろう。結局われわれは、ガリレオとその友人たちを大切にするまったく新しい科学哲学、デュシャンとその友人たちを大切にするまったく新しい美学を、考え出さなければならなかった。誰かが非常に独創的な目覚ましいことをすれば、それは、われわれの語り慣れていた話に、うまく合わなくなるかもしれない。そうなると、そのたびごとに、〈科学理論や絵画や詩や随筆がどのように調和するか〉を語る自分たちの物語を、われわれは作り直さなければならなくなるであろう。

私が「ばかげた相対主義」と呼んだものは、「認識論的な違いがないこと」から、「客観的な選択基準がないこと」を、誤って導出する。このような立場が最近広まっていることから、ハーシュのような著述家たちは、解釈の一般理論——つまり、「ある目的にとってよい解釈」という観念ではなく、「テクストの正しい解釈」という観念を維持するのに貢献するような理論——を形成しようとしてきた。〈前者の観念こそ、われわれが必要としているものだ〉というフィッシュの主張に、私は賛成である。ハーシュには悪いが、私には〈レヴェルIIの意味が予めテクストに割り当てられていなければ、他のレヴェルの意味が割り当てられない〉とは思えない。私見によれば、客観性は、〈その際に求められているものが得られたかどうかについて、合意に至る能力〉に関わるものである。それゆえ、私の考えでは、どのレヴェルでも、客観的知識を持つことができる。しかもその場合、他の何らかのレヴェルでそれを持っていなければ、それができないというわけではないのである。

ハーシュに関するこれまでの議論で、私が示唆しようとしてきたのは、次のようなことである。ハーシュとその反対者は、どちらも、言語哲学や認識論をまじめに取りすぎているが、それは間違っている。私は、知識、言語、志向性、指示といったものの本性に関して、哲学者たちが、批評家や歴史家や人類学者の人生をとてつもなく変えてしまうようなことを発見したとは思わないし、またいつか発見するであろうとも思わない。彼らは、独立した専門的知識を持っているわけではない。彼らが持っているのは、他の話を補足したり支えたりするのに使うことのできる話だけである。例えば、原子論の方向に向かっている学問は、原子論的な意味理論を求めるであろうし、全体論の方向に向かっている学問は、全体論的な理論を求めるであろう。われわれは、哲学と文芸批評とを弁別し、哲学者と批評家とを見分けるような努力を、あまり懸命に行なうべきではない。この点で、私は、ジェフリー・ハートマンと見解を同じくする。デリダやハートマンやブルームやド・マンは、「文学的」なテクストや考察と、「哲学的」なそれらとを、伝統的なジャンル間の境界線を無視して織り合わせる。そのやり方は、私にはまったく正しいと思われる。なぜかと言えば、哲学的真理の試金石は、個々の概念(例えば「意味」や「志向性」)の「正しい分析」にあるのでも、哲学体系の中で繋ぎ合わされた幾百ものそうした分析の間の、内的整合性にあるのでもなく、単に、そうした体系と文化のそれ以外の部分との間の整合性に、あるからである。ここで言う文化とは、現在の西洋民主国家の文化同様、柔軟かつ多様にあり続けることをわれわれが望んでいるような、そういった文化のことである。

今述べたことは、次のように言い換えることができる。正義や意味や真理(や哲学)に関する哲学理論の試金石は、今、生化学や文芸批評などでなされている最良の仕事と、どれほどうまく整合しているか、である。哲学は、あらゆる所で——テクストが分析されている所でも、かたまりが分析されている所でも——使用されている諸概念を扱うが、まさしくこのゆえに、それらのいずれに対しても、それを規制する立場にはない。〈哲学は「堅い」諸科学と助け合う〉というのは、よく知られた考えである。そういった相互扶助の関係は、堅い/柔らかいという区別に対する懐疑論と結びついて、より柔らかい諸領域にも広がっていく。この考えは、ヘーゲルとともに始まる。しかも、それは、私見によれば、デューイの自然化されたヘーゲル主義において、最良の形で展開されている。しかしこの考えは、ディルタイによって人為的に引かれた境界線(これを下書きしたのは、遺憾ながらヘーゲルである。彼自身の《自然》と《精神》の区別、つまり、デューイが最善の努力によってぼかそうとした区別が、それに当たる)のどちらの側に属する人々からも、抵抗を受けている。「かたまり」の側(多くの「分析」哲学者が属している側)では、「[相当に堅い]科学を扱う科学哲学は、それだけで哲学たるに十分である」ということが、今なおクワインとともに広く信じられている。「テクスト」の側(そこには多くの「大陸」哲学者が属している)では、〈同じ概念群がどちらの側でも役に立つ〉というのは頭の単純な「実証主義」の考えである——テクストのテクスト性を無視している——ということが、今なお広く信じられている。だが、「分析」哲学者も「大陸」の哲学者も、最近では次のような示唆を行なっている。すなわち、クワインとガーダマーに共通する全体論がもう数歩推し進められるなら、その全体論は、テクストとかたまりの区別の一方の側に自らを限定することはできず、その区別をぼかすことになる、という示唆である。私見によれば、これこそまさしく、英仏海峡の一方の側ではドナルド・デイヴィドソンやメアリー・ヘッセが、またもう一方の側ではローレンツ・クリューガーやヴォルフ・レペニースらが行なっている、仕事の要点である。フランスやドイツの哲学者は学生を脅すのに「実証主義」という言葉を用い、またイギリスやアメリカの哲学者は「解釈学」という言葉の使用をことさらに冷笑の種にするが、その仕事が徹底的に遂行されれば、彼らはそんなことはしなくなるであろう。

この論文では、文学解釈に関するフィッシュの論争の余地のある見解に近いものを擁護しようとして、これまた論争の余地のある多くの哲学的見解を、引き合いに出してきた。意味に関するデイヴィドソン風の見解、科学に関するクーン風の見解、志向性に関するデネット風の見解が、それである。私の見るところ、論争の余地があるという点では、哲学にしても批評にしても、そうかわりはない。そして、もし文学理論家たちがこれを認めるなら、彼らは哲学のテクストを、飲み込むべき、あるいは吐き出すべきかたまりとして扱うのではなく、むしろ、もっと自由にかつ柔軟に、それらを使用することができるかもしれない。それができるためには、〈専門化された技術的な哲学的研究は、試金者の報告に比肩するようなものを生み出すであろう〉と決めてかかるのではなく、むしろ、哲学的議論に口をはさむことが、必要であろう。

このような態度変更が一般化すれば、〈文芸批評は、叙情詩や『化学摘要』の諸論文と同じように、尊敬に値する、寄生的でない一ジャンルである〉というハートマンの見解を、われわれは受け入れることができるであろう。また、それと同時に、〈批評家に「解釈の一般理論」が必要であるかどうかは、詩人に美学が、化学者に科学哲学が必要かどうかということと、同じことだ〉ということが、わかるようになるであろう。私が説いているデューイ的プラグマティズムは、文化を「主題」や「方法」からではなく、ジャンルの見地から分類し直すことによって、物事の全体論的な見方を展開する。世界はどのような繋ぎ目のところで切られることを望んでいるか、切り離された多様な断片を調べるにはどういった方法が適切であるかを、伝統は自問した。プラグマティズムは、そういった、世界を「主題」に分割するやり方を、すべて実験として扱う。つまりそれは、〈われわれが、ある歴史的時点で、ある言語の使用によって、欲しいものを手に入れることができるかどうか〉を知るための、実験なのである。

新しい言語は、いずれも、あるジャンルを――つまり、後から加わるものが先に入っているものを念頭において作られているような、ある一連のテクストを――創出したり、変容させたりする。これらの連続したテクスト群は、――例えば、詩と批評、科学と科学史、批評と哲学、批評と批評史のように――互いに絡み合っているかもしれない。しかし、それらが絡み合うべきであるか否かを決めるような規則は存在しない。主題や方法の本性には、いかなる必然性もないのである。様々なジャンルの貢献者たちはいかに身を処すべきか、ということについて、何か一般的、認識論的なことを言おうとしても、そういったものは存在しない。また、真理の度合いや種類に従って、これらの学問をランクづけしようとしても、そういったランクづけは存在しない。要するに、これらのジャンルが「世界」に対していかなる関係を持っているかについて何かを言おうとしても、言うべきことがないのである。言えるのは、それらのジャンルが他のジャンルに対してどのような関係にあるかということだけである。さらに、この後の方の関係について、何か非歴史的なことを言おうとしても、そういったものも存在しない。われわれの文化がどのようにして今のようなものになったか、ということに関する、物語的説明のほかには、文化の通観的な見方は存在しない。大がかりな見取図を求めている者は、みな、そのような説明に寄与しているのである。自分たちのしていることを、そういったものとして見ることができるなら、自分たちの手続きを正当化する一般的原理があるかどうかで悩むことは、少なくなるであろう。プラグマティズムは、そうした原理を提供するのを辞退する。だがそれは、〈なぜ、そうした原理が必要だと考えられてきたか〉を語り、〈そのような考えを持たない文化はどのようなものであるか〉ということについて、いくつかの示唆を与えるのである。

注

(1) 精神史(Geistesgeschichte)は、標準リストの創出におけるその役割のゆえに、かつて哲学体系(ライプニッツやカントが構築したような)が演じた役割を、われわれの文化の中で受け継いでいる。この主張は、本書第Ⅳ論文「哲学史の記述法——四つのジャンル」で擁護される。

(2) Geoffrey Hartman, *Criticism in the Wilderness* (New Haven, 1980), p. 242.

(3) 本書第Ⅵ論文「プラグマティズム・デイヴィドソン・真理」を参照されたい。プラグマティズムが「真なり」を(例えば「探究の理想的終着点」というパース的な観念に訴えることによって)定義しようとするのをやめるなら、意味理論におけるデイヴィドソンの全体論は、プラグマティズムの結果と一致する。これが、その論文における、私の主張である。

(4) Walter Michaels, "Saving the Text," *Modern Language Notes*, 93 (1978), p. 780. また、Jeffrey Stout, "What Is the Meaning of a Text ?" *New Literary History*, 14 (1982), pp. 1-12 を参照のこと。

(5) Stanley Fish, *Is There a Text in This Class ?* (Cambridge, Mass., 1980), p. 198. もちろん、金もテ

クストも、因果的な力（酸の攻撃に耐えるとか、網膜にあるパターンが現われるよう働きかけるとかいった）の在り処と考えられる場合には、制度的なものではない。因果的語彙を用いれば、同一の対象が多様な言語使用を引き起こすための刺激となる、と言える。しかし、われわれが対象についての事実を求めると、それはすぐさま、その対象はある特定の言語でどのように記述されるべきかを尋ねることになってしまう。そして、その言語は、一つの制度なのである。フィッシュを批判しているリチャード・ウルハイムには悪いが、〈同じ対象が多くの異なる共同体で論及される〉という事実は、〈われわれがどの共同体に属すべきかを決定するのに、その対象は手を貸すことができる〉ということを、示しはしないのである。

（6） E. D. Hirsch, Jr., *Validity in Interpretation* (New Haven, 1967), p. 264.

（7） 科学哲学における実在論―プラグマティズム論争に関する議論については、例えば、W. H. Newton-Smith, *The Rationality of Science* (London, 1981)や、クーンに関する有益な論文集である *Paradigms and Revolutions*, ed. Gary Gutting (Notre Dame, 1980)を参照されたい。プラグマティズムの側からの、最近の最良の言明としては、Hilary Putnam, *Reason, Truth and History* (Cambridge, 1981)がある。

（8） Hirsch, *Validity in Interpretation*, p. 273.

（9） Friedrich Nietzsche, *The Will to Power*, tr. Walter Kaufmann (New York, 1967), par 485.

（10） E. D. Hirsch, Jr., *Aims of Interpretation* (Chicago, 1976), p. 3.

（11） Hirsch, *Validity in Interpretation*, p. 162.

（12） Hirsch, *Aims of Interpretation*, p. 3.

(13) 意識と志向性についてそれほど呑気に構えていられるかどうか。この問題は、例えば、ダニエル・デネットとジョン・サールの論争の、争点となっている。私は "Contemporary Philosophy of Mind" と "Comments on Dennett" で、サールに対してデネットを弁護したが、デネットは "Comments on Rorty" で、私の弁護のある部分に対して、難色を示している。これらの論文は、すべて、*Synthese* 53 (1982) に収載されている。また、これと関連するものとして、「指示」観念をどれほどまじめに取るべきか、ということに関する論争がある。それを非常にまじめに取る哲学者の典型は、クリプキである。反クリプキ的立場については、次のものを参照されたい。Donald Davidson, "Reality Without Reference" in *Reference, Truth and Reality*, ed. Mark Platts (London, 1980); Putnam, *Reason, Truth and History*; Richard Rorty, "Is There a Problem about Fictional Discourse?" in *Consequences of Pragmatism* (Minneapolis, 1982).

III　方法を持たないプラグマティズム

アメリカのプラグマティズムは、ここ一〇〇年の間に、二つの試みの間を行きつ戻りつしてきた。一つは、文化全体を自然科学の認識論的水準にまで高めようとする試みであり、もう一つは、自然科学の認識論的水準を、芸術や宗教や政治と同じところまで引き下げようとする試みである。

C・S・パースは、あるときには実験科学の方法を哲学に持ち込もうとし、またあるときには(後にラッセルが流行させたような仕方で)自分の哲学的見解をすべて数学的論理学の結果から演繹すると主張した。ところが、他方では、論理学を倫理学に(そして究極的には美学に)従属させ、彼に反対する「唯名論者」たちを、その実証主義のゆえに酷評したりもしている。

ウィリアム・ジェイムズは、あるときには現実的な経験論者、堅い事実と具体的詳細の愛好者として登場する。しかしまた、『信ずる意志』に明らかなように、ある宗教的信念――すなわち、《社会》を《人間の贖われた姿》として信じた父親の信仰――を、「堅い」諸科学の理論と同等に位置づけることが、彼の主たる動機となっていることもある。彼は真なる信念を成功に導く行為規則と見なし、「証拠づけられる」ものとしての科学的信念と、証拠なしに受け入れられるものとしての宗教的信念との間にあるとされていた違いを、払拭しようと望んだのである。

その次のデューイは、自然科学――とりわけダーウィンに代表されるような自然科学――に、感謝の念を抱いていた。なぜならそれは、初期のヘーゲル主義の呪縛から、彼を解き放ってくれたからである。だが、(マージョリー・グリーンの言葉を借りれば)「歴史を基礎的現象として扱い、科学の世界をある限定状態として歴史的実在から引き出す」ことを彼に教えたのは、ヘーゲルであった。あらゆるものが「科学的」になりうるとデューイは主張したが、しばしばこの主張は、彼を批判する実証主義者には、科学と他の文化領域との対比を和らげることによって、科学自身を非科学的に見せるものでしかないように見えた。

プラグマティズムのこれら二つの面は、次のように言い表わすこともできる。一方は、一般公衆に向けられた面であり、他方は、哲学という専門的職業内部での競争者に向けられた面である。公共的な場面では、この運動のおもだった社会的、文化的機能は、〈因習の殻を突き破ること〉、〈古いものにしがみつくよりも、新しいものを受け入れるよう奨励すること〉、とりわけ、〈かつて国民を育み今もその公的生活に浸透している宗教文化を振り払い、国民をそれから自由にすること〉であった。この面においては、プラグマティズムは、古い道徳律の影響を抑え、それを「実験的」態度——革命的に見える社会立法を恐れず、新しい形態の芸術的自由や人格的自由を恐れないような——に置き換えようと、試みてきたのである。したがって、プラグマティズムのこの面は、科学主義的であった。つまりそれは、実験科学者を文化全体の模範として称揚することに、時を費やしたのである。だが、同僚の哲学教授の間では、プラグマティストは他の種類の科学主義——すなわち、功利主義や感覚所与経験論や論理実証主義——とは一線を画してきた。哲学者集団内部では、彼らは全体論者として最もよく知られている。彼らは、〈「意味」や「感覚」や「快苦」と呼ばれる小さな建築ブロックを抽出し、それから何らかの興味深いものを構築することが可能である〉という考えに対して、観念論者と同じように疑念を抱いている。周知のように、彼らは、「真理は実在との対応である」という考えに対する疑念を、観念論者と共有しているのである(但し、彼らは観念論者とは違うということを、すぐに言い添えようとする。その違いは、「理想的整合性を持つ表象群」を、既存の実在ではなく、むしろ未来の人間の産物とする点に、求められる)。

こうした様々な多義性のため、時おりプラグマティズムは、非常に混乱した運動のように見えた。つまり、実証主義者にとってはそれほど「堅く」なく、唯美主義者にとってはそれほど柔らかくなく、トム・ペインの信奉者にとってはそれほど無神論的でなく、エマソンの信奉者にとってはそれほど超絶的でない、要するに、日和見主義者の哲学に見えたのである。デイヴィッド・ホリンジャーが言っているように、〈プラグマティズムこそアメリカ文化の哲学である〉という決まり文句は、一九五〇年頃、ちょうどデューイの死の直前に、突然聞かれなくなってしまった。それはあたかも、プラグマティズムが、ティリッヒとカルナップという、上下の臼石に挟まれて、ひきつぶされてしまったかのようであった。カルナップは、切れ味のよい経験論に立ち帰ることによって、哲学教授の間で英雄となったが、アメリカのほとんどの知識人は、プラグマティズムと分析哲学のいずれにも、同時に背を向けてしまった。彼らが頼りにし始めたのは、ティリッヒやサルトルやマルクーゼのような哲学者である。そういった哲学者は、彼らを育んだデューイ流の反イデオロギー的自由主義よりも、深遠で知的野心に富むように見えた。自由主義は、〈よくても、退屈で陳腐な考えにすぎず、悪くても、現状を弁明するものでしかない〉といった印象を、彼らに与えるようになっていたのである。

私見によれば、この反イデオロギー的自由主義こそ、アメリカの知的生活の、最も価値ある伝統である。シドニー・フックは、この伝統を軽蔑することが流行していた時代に、それを生かし続けるよう、たゆむことなく果敢に努力したが、この点でわれわれは、彼に非常に多くのものを負っている。だが、以下では、その際にフックが用いたいくつかの戦術を取り上げ、それを否定する議論を行ないたいと思う。彼は、プラグマティズムの二つの面の内、「科学と芸術と政治と宗教との間には連続性が先在していることを認めよう」という面ではなく、「文化のあらゆる部分に科学的方法を適用しよう」という面を選んだが、特にこの点において、彼は間違いを犯していたと思われる。この戦術を採用したことによって――つまり、自由主義を「科学的であること」や「知性を使用すること」と同一視したことによって――彼はある二つの立場に立つことになった。だが、私見によれば、それらはいずれも、プラグマティストなら避けるべきものである。先ず彼は、必要以上に実証主義的になった。だが、ポスト実証主義的科学哲学(クラーク・グライマーが「新ぼかし主義」と呼んだもの――すなわち、クーンやヘッセやハレらの共通要素)は、「科学的方法」に関する彼の説明を見捨ててしまった。第二に彼は、「大陸」哲学(特にハイデッガー的な哲学)に対し、必要以上に敵対的な態度を取るようになった。自由主義を擁護するには(ポラニーに関するフックの論文の表題を用いるなら、「啓蒙主義の擁護」を行なうには)、「科学」の本質を抽出しようとするよりも、プラグマティズムのもう一つの面――すなわち、全体論的・融合主義的な面――を発展させる方がよいのである。

次の一節は、フックの一九五五年の論文「自然主義と第一原理」から引用したものである。

科学において、様々な理由を、仮説を信じるための妥当な理由たらしめるのは、歴史的なものではなくて、科学の成長の歴史的諸段階のすべてにおいて変わらないものだということ――これが私の主張したいことである。しかし、ある理由が仮説を信じるための強い理由であるかどうかは、他の手がかりと、それに対する証拠の存否によって、違ってくる。(1)フックはここで、(「妥当性」について判断を下す)「科学的方法の論理」と、探究の各段階で理論選択に影響を与え(、「強さ」に寄与す)る、様々な歴史的要因とを、区別している。これこそまさに、この論文の執筆後の数十年の間に、(皮肉にも)クワインとクーンの「プラグマティズム的」全体論によって、次第に疑問視されるようになった区別である。〈実証主義者の望むように言語と世界、理論と証拠とを切り離しておこうとすると、どのような困難が生じることになるか〉を、これらの著述家は明らかにした。フックは、実証主義的科学哲学を盟友の名簿に加え、デューイが「科学的方法」について語ったことを、今引用したような仕方で解釈しようとした。だが、ほとんどの科学哲学者は、デューイの示したもう一つの方向に向かって進んできた。それは、客観的「所与」(例えば「証拠」や「事実」)と人間の「収益」とを対比させるような試みを、疑問視する方向であった。

フックは、先の引用箇所の少し後で、次のように言っている。

これまで述べてきたことが正しいとすれば、次のように信じてよいことになろう。どこであろうと、いつであろうと、事物の本性に関する真理に到達するための、唯一の信頼できる方法が存在する。この方法は、科学の諸々の方法の内で、十分に実現される。人がそれを否定する場合には、常に、手段を目的に適合させる際の彼の通常の行動が、彼の言葉の誤りを示すことになる。哲学としての自然主義は、この方法を受け入れるだけでなく、それを使用することによって確立される、ある広範な一般的定式をも受け入れる。その一般的定式とは、〈あらゆる性質や出来事の生起は、空間・時間中の、物質的システムの組織に依存し、その発現と展開と消失は、そのような組織の諸々の変化によって決定される〉というものである。

そうした「信頼できる方法」が存在すると主張する立場を、「科学主義」と呼び、フックの提示する「広範な一般的定式」を、「自然主義」と呼ぶことにしよう。このように「自然主義」を定義し直せば、プラグマティズムのもう一方の——全体論的な——面について、次のように言うことができる。すなわち、その面は、科学主義に陥ることなく、自然主義になろうと欲しているのである、と。現代の自由主義的自己意識の背景を典型的に形成しているのは、唯物論的世界観である。私はこの世界観を堅持したいが、〈この世界観はある方法によって「確立された」〉と主張するのは、さし控えたいと思っている。〈その世界観は「事物の本性に関する真理に到達するための、唯一の信頼できる方法」によって確立された〉という主張については、なおさらである。プラグマティズムの核心は、真なる信念を、「事物の本性」の表象と見なすのではなく、うまく事をなさしめる行為規則と見なそうとするところにある。プラグマティズムをこのようなものとして受け取れば、実験的・可謬論的態度を推奨するのは容易となるが、この態度を具体化する「方法」を抽出するのは困難となる。

だが、困難であるにもかかわらず、そうした「方法」の抽出へと誘惑するものが、明らかに存在している。なぜなら、〈自分に敵対する者は「事物の本性に対応」していない〉と言えなくなってしまうと、プラグマティストは、自然主義を受け入れない人々を打つための、別の棒が欲しくなってくるからである。〈事物の本性に対応していない〉と言えないのなら、そのかわりに、〈反自然主義者は非合理的である〉とか〈「知性」を用いていない〉とか主張すればよいように見える。なぜなら、〈自然主義者と反自然主義者のどちらに対しても中立的であるような基盤があり、その基盤の上で彼らが出会うと、自然主義者が勝利する〉ということを、その主張は示唆するからである。そういった基盤がないと、「相対主義」という妖怪が姿を現わしてくる。それゆえ、「実在との対応」が疑わしく見え始めると、「合理性」が、それに代わるものとして用いられるようになった。デューイは、これを行なうのに、聖職者と職人、観想者と行為者の区別を強調した。フックが例えば次のように言うとき、彼はこの対比を反復している。

科学と神学は、神秘的なものに対する二つの異なる態度を代表している。一方は神秘を解き明かそうとし、他方はそれを崇拝する。前者は、神秘が仮に解き明かされなくても、その神秘さを和らげることはできるであろうと信じており、神秘が常に存在することを承認する。これに対して、ある特殊な神秘は究極のものであると信じるのが後者である(2)。

この区別は、認識的なものと非認識的なものの区別と繋がっている。フックは「人間が持っている知識はすべて科学的知識である(3)」と言い、「科学的言明が真理と呼ばれるべきであるなら、宗教的言明は別の名で――おそらく「慰め」という名で――呼ばれるべきである(4)」という見解を、賛意をもって引用しているが、このことの内にもそれが認められる。こうした対比的な仕方で「真理」という言葉が用いられる場合には、明らかに、「信ずる意志」からも、〈なすにまかせよ〉の態度からも、遠く隔たっている。後者の態度からすれば、宗教と科学は、人生の諸問題を解決するための競合する方法であり、合理性か非合理性かによってではなく、むしろ、成功か失敗かによって区別されるのである。

この後者の態度を採る反科学主義的・全体論的プラグマティストが望んでいるのは、〈神を信じるよりも合理的だ〉と考えることなく、自然主義が受け入れられることである。彼は、あるクワイン的な主張を認めることから始める。〈信念の網目を適当に編み直せば、《神の予見》が中心的要素をなす反自然主義的世界観にでも、人間が自分の足で立つ自然主義的世界観にでも、あらゆるものをうまくはめ込むことができる〉という主張がそれである。これは、〈ジェイムズとクリフォードを比べれば、ジェイムズの方が正しかった〉と認めることである。つまり、〈人が全体としての世界をどう考えるかについて決定を下そうとする際には、「証拠」という観念はあまり役に立たない〉ということである。それを認めることは、相対主義の立場を採ることのように見えるかもしれない。だがそれは、〈競合する等しく整合的な信念の網目のいずれかを選択する場合、そのための一般的、中立的な、予め定式化できるような基準は存在しない〉ということを、ある仕方で理解する場合に限られる。つまり、〈「合理的」決定はありえない〉ということを意味するものとして、それを理解する場合にのみ、そうなのである。相対主義を脅威と感じるのは、即決や決定的な議論を強要する人々だけである。全体論者にとっては、昔ながらの、よく知られた、決定的ではないやり方で、自然主義と反自然主義について論争するだけで十分である。〈「証拠」と呼ばれる共通基盤が存在する〉という考えを捨てるからといって、誰の信念の網目も同じようによいと言うわけでは決してない。それを捨ててもなおわれわれは、昔ながらのよく知られた根拠のすべてに基づいて――つまり、その二つの見解の陳腐な細かい点のすべて、それぞれの様々な長所と短所のすべてを、もう一度持ち出して――その問題について論争することができるのである。われわれは、悪の問題について、宗教文化が知的生活を破壊するような結果を生ぜしめることについて、神権政治の危険性について、世俗主義の文化におけるアナーキーの潜在的可能性について、功利主義的世俗道徳のもたらす『すばらしい新世界』的帰結について、語るであろう。われわれは、世俗主義的な友人・知人の生活と、宗教的な友人・知人の生活とを比べるであろう。要するに、われわれのすることは、科学哲学における「新ぼかし主義者」が、ある状況での科学者の行動として述べていること——すなわち、自然(ないしその一部)の描き方を変えるべきだというかなり大規模な提案が論議される際に、科学者が行なうとされていること——と、同じである。ある編み直しがどちらの側にも起こり、それによって何らかの合意が成立することを希望しながら、何とか事態を切り抜けようとするのである。

われわれの文化においては、自然主義者と反自然主義者には、ある社会学的な違いがある。前者は、平均的に見て、かなり長く学校教育を受け、かなり多くの本を読む機会があった。彼らは、自分たちの好む見解に含意されているものを展開する場合にも、あるいは、自分たちの好まない見解に対して反論を見つけ出す場合にも、かなりすばやく、自分の力でこれを行なう。それゆえ、〈反自然主義者は、自分の見解を受け入れる場合に、十分合理的な考え方をしなかったのだ〉と考えたくなるのも、無理からぬことである。あまり反自然主義者のようには見えない反自然主義者——(例えば、物理学や哲学の教授として)近代の魔法の解けた(entzaubert)手段—目的合理性の世界にうまくはまり込んではいるが、私生活においては今なお宗教的信念を核としているような人——は、フックのような科学主義的自然主義者からは、〈知的分裂症だ〉と、あるいは、〈平日と休日とでは用いる方法が違っている〉と、非難される。しかし、このような非難は、〈一般的な方法論的原理を定式化すべきである〉とか、〈合理的探究の本性に関する一般的見解や、信念を固定するための普遍的方法を、持つ義務がある〉とかいったことを、前提している。そういった義務がわれわれにあるかどうかは、明らかではない。確かにわれわれには、互いに語りかけ、世界に関する見解について話し合い、力よりも説得を用い、多様性に対して寛容であり、心から反省する用意のある可謬論者であるべき義務がある。けれどもこれは、方法論的原理を持つ義務とは、別のものである。

そのような原理を定式化するのは、有益なことかもしれない。実際それは、有益な場合もあった。だがそれは——デカルトの『方法序説』や、ミルの「帰納法」の場合のように——時間の浪費であることが少なくなかった。その結果得られるのは、多くの場合、アルゴリズムのような外観を呈するよう、巧妙に手の加えられた、一連の陳腐な言明でしかない。〈顕著な成功を収めた探究の事例から、何ごとかを学ぶように〉という忠告が意味をなすのは、〈自分の持っている他の信念に目を向け、その成功から得られた新しい信念が、それに対する何らかの有益な再調整を示唆していないかどうかを見よ〉ということを、それが言わんとしている場合である。これは、一七・一八世紀の正統派の人々に対して、《新科学》の賛美者たちが言ったことの一つである。だが、不幸なことに、これらの賛美者は、それだけにとどまらず、《新科学》が使用した方法を抽出することができると考えた。彼らはそのような方法を記述するいくつかの優れた試みを行なったが、認識論の歴史が示すところによれば、彼らの試みはどれもうまくいかなかった（し、新ぼかし主義者の勝利を見れば、認識論が失敗したところでは科学哲学も成功しなかったと認めざるをえない）。〈問題がもっとうまく解決できるよう信念の網目を編み直し、それでうまくいかないかどうかを考えてみよ〉という忠告は、〈認識原理を定式化せよ〉という忠告ではない。前者が後者を帰結するのは、〈意識的な認識論的見解を持つことは、いつの場合でも、古い信念を新しい信念に対して調整し直すための有効な手立てとなる〉ということを、すでに経験が示している場合だけである。

しかし、経験はこのようなことを示すわけではないし、その反対のことを示すわけでもない。一般的認識原理を持つことは、道徳原理を持つことと同じく、本性上よいものでも悪いものでもない。後者は、前者を種として含む、より外延の広い類である。道徳説におけるデューイの実験主義の要点は、〈われわれは、原理とその適用結果との間を、往復し続けなければならない〉ということにある。われわれは、諸々の事例に適合するよう、原理を定式化し直さなければならず、〈どういう場合に原理を忘れてノウハウにのみ依拠するか〉ということについて、自分の感覚を磨かなければならない。科学哲学における新ぼかし主義者たちの言によれば、「確証の論理」という道具立ては、科学がどのように機能してきたかを理解するのに障害となる。この新ぼかし主義者の主張は、自明ではないが、もっともである。それは、その限りにおいて、『人間性と行為』の中でデューイが行なった主張と似ている（因みにフックは、この本をぼかしと見る人々に反対し、別様に解されるべきものとして巧みにそれを擁護した)。道徳的問題を、カント的原理と功利主義的原理との衝突という見地から記述しようとする伝統的な試みは、道徳的思慮を理解する上で障害となっている——こういった主張を、デューイはその本の中で行なった。その主たる論拠は、新たな手段の使用は目的を変える——自分が何を欲しているかがわかるのは、ただ、自分が欲していると思っていたものを得ようと試みた後、その結果がわかってからである——ということにあった。ポスト実証主義的科学哲学の主張は、これと類比的関係にある。〈何が、所与の領域において「科学的」と見なされるか〉、〈何が理論変化のもっともな理由と見なされるか〉——こういったことがわかるのは、問題状況の詳細を熟知することによってだけであると、それは言い続けてきた。この見解によれば、非歴史的な科学的方法——単なる「強さ」ではなく、「妥当性」を判断するための方法——を操る者は、実践的三段論法を理想的な仕方で操る者と変わらない。そういった人々は、自分がどのような結果を望んでいるかを、予め知っている。したがって、彼らには目的を調整する必要がないのである。そのような理想化は、時には発見的な意味で有益であるかもしれない。だが、われわれには、そうした理想化を行なう特別な義務はないのである。

道徳に関するデューイの見解と、科学に関する新ぼかし主義者の見解とを、このように比較することによって、フックに対する私の疑念——すなわち、「科学的方法」という観念を用いることに対する疑念――を、最終的な形で定式化することが可能となる。フックはこの観念が、道徳や政治にまで広がることを望んでいるが、それが例えばティリッヒ的な神学にまで広がることは、望んでいない。だが、私には、このようなことが可能だとは思えない。もしそれを道徳や政治にまで広げるなら、次のようなことになるであろう。すなわち、欲しいものを与えてくれる手段についての競合する仮説の間の選択が問題なのではなく、〈自分たちは何を欲しているのか〉、〈何が問題なのか〉、〈手渡される材料が何であるか〉といったことに関する、さまざまな記述のし直しの間の選択が問題であるような、そういった場合に対しても、「科学的方法」の観念を適用しなければならなくなるであろう。クーン主義者が科学史の中で強調しているような、まさにそういった類いの諸事例――つまり、解決されるべき問題の記述が変化し、そのため「証拠」を記述するのに使用される「観察言語」が変化するような事例――にまで、われわれはその観念を広げなければならなくなるであろう。これは、〈以前のすべての時代の問題やデータを、後から、唯一の現代的な共約的語彙によって記述することはできない〉ということを、言っているのではない。だが、後知恵によって共約化を行なう能力――つまり、〈アリストテレスが探していたのは、実は、後にニュートンが見出したものであった〉とか、〈ローマの平民が得ようとしていたのは、後に全米自動車労組が得たものであった〉とかいった発言を可能ならしめるような能力――に欺かれて、自分たちのお気に入りの祖先のことを、〈彼らは「仮説

—演繹的な観察方法」を用いていた〉というふうに記述しようとしてはならない（フックは、時おり、「科学的探究」をこのような仕方で特徴づけている）[5]。道徳的進歩や科学的進歩に関するデューイの記述は、観察結果に基づく競合する理論間の一連の選択よりも、例えば、一二歳から三〇歳までをどのように生きてきたかということ（何とか切り抜けるという行為のあの範型的事例）に関する誰かの記述に、はるかに似ているのである。

次に、フックの科学主義的戦術の第二の欠陥として先に言及したものに、目を向けることにしよう。この欠陥は、現在「大陸哲学」という名で一括されている様々な人物に対する、彼の扱い方に存している。先ずティリッヒを取り上げてみるのがよいであろう。なぜなら、フックは、彼のことを、最も詳しく論じているからである。けれども、この関係でティリッヒを論じるのには、別の、私個人の経歴に関わる理由がある。何年か前に、私は宗教哲学を講義するよう命じられたことがある。講義で取り上げるのに面白い本はないかと調べてみた後、結局私は、デューイの『誰でもの信仰』とティリッヒの『信仰の動態』とを、他のいくつかの本とともに選んだ。ところが、整然とした小さな章（「分析的宗教哲学」、「プラグマティズムの宗教哲学」、「実存主義的宗教哲学」、「信仰主義的宗教哲学」など）からなる要目を作り上げた後で、私はある問題に直面した。実際に講義ノートを書き始めてみると、私には、プラグマティストと実存主義者、デューイとティリッヒの違いが、わからなくなったのである。私の要目は、突然、繰り返しのように見えてきた。というのも、私の講義では、ティリッヒはまったくデューイと同じように見え、また、デューイもまったくティリッヒと同じように見えるからであった。私には、ティリッヒの「究極の関心事」とデューイの「道徳的信仰」とに、差異があるようには見えなかった。このことは、宗教的なものと超自然的なものとを区別しようとするデューイの試みと、本当の信仰と偶像崇拝的な信仰とを区別しようとするティリッヒの試みについても、同じであった。ティリッヒの「有神論の神を超えた神」は、デューイが「理想と現実との間の能動的関係[6]」と定義した神と、まったく同じように見えた。結局私は諦めて、〈デューイとティリッヒは、異なる聴衆に対して、同じことを言ったのであり、そのようなものとして彼らを扱うべきである〉と学生たちに言った。学生たちは、〈彼らが共に語っているこの奇妙なものをなぜ「神」と呼ばなければならないのか〉と質問した。これに対して、私にできたのは、デューイの次の言葉を、引用することだけであった。

これまで語ってきたあの〈理想と現実とを統一するもの〉を、なぜ私は、「神」という言葉で表現するのが適当だと考えているのか。それは、一つには、攻撃的無神論と伝統的超自然主義との間に、何か共通するものがあるように思えるからである。……私が特に念頭に置いているのは、戦闘的無神論と超自然主義のいずれもが、孤立した人間のことを専ら考えている、ということである。……ところが、人間と、想像力が宇宙と感じる周りの世界との、依存と支えという形での結びつきの感覚を、宗教的態度は必要としている。現実と理想との統一を表わすのに「神」や「神的なもの」という言葉を用いれば、それによって人は、孤立の感覚や、そこから生じる絶望や反抗から、守られることになるであろう。(7)

デューイのように考えれば、語彙の中に、「神」という言葉を、うまく残しておけそうに見えた。したがって、彼のような考え方をすれば、〈自然主義者になったら捨てなければならないのではないか〉と懸念されていたある要素を、信念の網目の中に残しておくことができそうに見えた。それは今でもそう見える。だが、フックはこれを認めない。彼の言によれば、『誰でもの信仰』の草稿に対して彼が異議を唱えたのはただ一つ、デューイが「道徳的理想の妥当性への信仰に対して、「神」という言葉を使用」することだけであった。これに対するデューイの答えの一部は、フックによれば、次のようなものである。

……「神」という言葉を用いる知的権利が否定されると、傷つきはしないまでも、当惑する人は多い。彼らは教会には属していないが、私が信じていることを、彼らも信じている。したがって、神について語ることができなければ、彼らは困惑するであろう。それならば、なぜ、私はその言葉を使ってはいけないのであろうか。(8)

〈キリスト教神学者のふりをするのはやめて、ハイデッガー主義の哲学者だとはっきり言ったらどうか〉と人から言われると、ティリッヒはよくある答え方をしたものであるが、今のデューイの答えは、その答えと平行している。実際ティリッヒは、よく言ったものである――キリスト教徒が超自然主義を放棄した後にも(結局放棄するようになることを彼は望んでいたのであるが)「キリスト」という言葉を使い続けることができるようにするにはどうしたらよいかを明らかにすること、これこそまさに、今日のキリスト教神学者の仕事である、と。

「神」という言葉の使用によって最も適切に表現されるいくつかの信念は、デューイとティリッヒが自然主義に転じた時点では、彼らのいずれにとっても、その信念の網目の一部をなしていた。彼らはいずれも、それらのあるものを堅持できるかどうか自問し、それを堅持可能にするような、網目の様々な編み直しを試みた。ティリッヒはまた、デューイとは違って、「キリスト」という言葉によって最もうまく表現されるある信念を、堅持することができると考えていた。私の理解する限りでは、彼らはどちらも、同じことをしようとしていた。つまり、新しいものに直面しながら、古いものをできるだけ維持しようとしていたのである。彼らの様々な編み直しは、〈事物の古い描き方の枠内で変則的な出来事を保持しようとしたり、逆に、新しい描き方を古い観察結果と両立させようとしたりする際に、科学者が行なう手直し〉と、「方法」や「論理」において異なるようには見えない。デューイは、科学的進歩も道徳的進歩も、創造的問題解決の具体例をなすと考えたが、『誰でもの信仰』の執筆は、まさしくそうした創造的問題解決の、具体的遂行にほかならなかった。そういうわけで、先の主張を繰り返せば、「科学的方法」をデューイやフックが望むところまで広げ、しかも、それを使用していないとしてティリッヒを非難することができるとは、私には思えないのである。

しかし、このような仕方でティリッヒを救い出すのは、あまりに安易ではないかと思われるかもしれない。なぜなら、彼は「存在そのもの」という言葉を奇妙な仕方で使用しているが、これについてはどうなのであろうか(この習慣のゆえに、フックは彼をたびたび酷評している)。そして、いずれにしても、ハイデッガーがその言葉を使用していることについては、どうなのであろうか。ティリッヒをデューイに似たものとして扱うことに比べれば、ハイデッガーをデューイに似たものとして扱うのは、容易ではない。ティリッヒは論争の中で、「「私はあなたの言ったことにすべて同意する」と紛れもなく誠実に答え」、「《存在の聖杯》のために闘う宗教主義の盟友として」フックを抱擁しようとした(とフックは言っている)[9]。だが、ハイデッガーがこんなことをするとは、ほとんど考えられない。気のおけない社会民主主義者のティリッヒが、自然主義は自分の究極の関心事を表現するのに適切ではないとした点で許されるとしても、秘教的準ナチ党員のハイデッガーが、これまたまさに、プラグマティズム的編み直しを行なった人物だと、認められうるであろうか。

フックが「存在の追求」と呼んでいるものから、始めることにしよう。われわれには、存在するものとしないものとを区別する性質は見出せそうになく、存在量化子は、ある活動(オースティンが「形而上学的な仕方で静かに作動している」と呼んだもの)を指示するものとして扱われるべきではない。そして、もっと一般的に言えば、「存在」という言葉は、無用の困難を引き起こすものでしかない。これらの見解について、私はフックとカルナップに同意する。もしハイデッガーがその言葉をまったく使用せず、ティリッヒがそれをハイデッガーから受継がなかったとしたら、私にとっては幸いだったであろう。しかし、ハイデッガーもティリッヒも、フックとカルナップに同意したのではなかろうか。「存在」という言葉は、どちらにとっても、本質的なものではなかったと思われる。彼らが自著の中でその言葉を使用したことに対して、私がいかなる態度を取るかと言えば、それは、『誰でもの信仰』の中でデューイが「神」を使用したことに対してフックが取った態度と、同じである。つまり、それは修辞上の欠陥であり、自分の論旨をわからせるための、誤解を招く方法なのである。せいぜいのところ、その使用は、聴衆とよい関係を持つためのテクニックにすぎない。私見によれば、ハイデッガーがそれを使用したのは、彼が賛美するある伝統――すなわち、彼がアリストテレスの『形而上学』とヘーゲルの『大論理学』とを貫いていると考えているある伝統――に、自分自身を結びつけるためであった。彼は、〈「存在的」なものを超えて「存在論的」なものに達するという彼の目標を、この二人の哲学者も分かち持っていた〉と考え、〈存在と存在者の区別は、彼が語ろうとした、人間と人間の状況とに関する物語を語る場合の、〈よい出発点をなす〉と考えたのである。フックが一九三〇年に自分のドイツでの学生時代について書いているように、その時代のドイツの哲学者は、ドイツ観念論を、「可能な多くの競合する論理の一つとしてではなく、むしろ民族の財産として、つまりドイツの文化的王冠の輝く宝石として」(10)受け取っていた。ハイデッガー――「民族的」哲学者以外の何者でもない人物――が「存在」を使用したのは、自分自身をこの民族的伝統の文脈の内に置くためであり、これによって彼は、自分が軽蔑する三つの伝統――すなわち、若き日のネオ・トミズム、生の哲学、それにヘッケル風の自然主義(これはヘーゲル主義に対する一九世紀のリアクションの一部をなしていた)――から、自分自身を区別しようとしたのである。

しかし、『存在と時間』の数年後、ハイデッガーは「存在論」という観念をまったく捨ててしまった(それは、残念なことに、彼を賛美する専門上のライバルのティリッヒが、彼が以前使用していたジャーゴンを、すでに徹底的に身につけてしまった後であった)。「無」に関する存在論的論述が、三〇年代初めに、短くはあったが、カルナップが風刺するには十分な期間、姿を現わし、それから、これもまた姿を消してしまった。以後ハイデッガーは、後に明らかになったように、自分が本当に長けていたことに取りかかった。それは、〈すでにプラトンが取りかかっていた思想の決定的転回が、どのようにして西洋の哲学的伝統を創造していったか〉を示すよう意図された、西洋哲学史に関する様々な物語を語ることであった。「現象学的存在論」を遂行する代わりに、今やハイデッガーは、「存在―神論的伝統」――正確に言えば、アリストテレスをヘーゲルと繋ぐ伝統――を、「克服」しようと試みる。すでに別の所で論じたように、偉大なヨーロッパの哲学者たちの諸前提がどの点で間違っていたかを、この後期ハイデッガーは説明したが、その説明は、デューイのそれと、明確に区別できるものではない。

しかし、それでもなお、〈その伝統の間違いを、ハイデッガーはなぜ「存在の忘却」と呼んだのか〉という問題が残っている。おそらく、後期ハイデッガーでは、存在論は消失したが、存在はまだ生き残っていた。あるいはむしろ、生き残っていたのではなくて、不在であり、自らを隠しており、隠匿されていたのである。フックが一九三〇年に『存在と時間』および「根拠の本質について」に言及しながら述べたこと、つまり、「ハイデッガーの思想の根底には、創造的流出という神秘的教説が存在している」とか、「ハイデッガーは本当は神学的な問いを問うているのだ」[11]とかいった見解に、われわれは同感することができる。これらの見解は、ハイデッガーの後期の仕事にも当てはまる。だが、後期の著作では、〈ハイデッガーが本当に望んでいたのは、神学(や、『形而上学』、『大論理学』のような主要な書物)が扱ったこととなお接触を保ちながら、神学のもとから自分自身を救い出す手立てを見出すことであった〉ということが、明らかとなる。私は、これを主張することによって、フックの言っていることに修正を加えたい。彼以前のプラトンやプロティノスと同じように、ハイデッガーは、その時代の神々や宗教から離れ、それらの「背後」にある何かに至ろうとした。したがって、ある意味では、彼は確かに、神学的な問いを問い続けているが、別の意味では、神学的問い(後に彼は「形而上学的」問いと言うようになる)に取って代わる、もっとよい問いを見出そうとしているのである。

これは、誤った、自己欺瞞的な試みではない。すでに示唆したように、それは、デューイが『誰でもの信仰』(その他、『経験としての芸術』のいくつかの箇所など)でしていたのと、まったく同じことであった。デューイが、『存在と時間』に関するフックの報告に対して、「それは超越論的ドイツ語による「状況」記述のように聞こえる」[12]と言ったとき、彼の言ったことは正しかった。その本でなされた〈「手許存在」は「眼前存在」に優先する〉という議論は、経験と自然の「相互作用的」諸関係を強調するデューイの主張が扱っているのと、ほとんど同じ問題を、扱っているのである。だが、もっと重要なことがある。それは、その問題を扱うにあたり、ハイデッガーもデューイも、同じ企てを援用したということである。つまり、われわれのあらゆる活動をその内に置くことのできる〈究極の全体的な最後の文脈〉を見出そうとする形而上学的衝動に対して、それからわれわれを解放するという企てが、どちらの場合にもなされていたのである。ハイデッガーは、短期間、「現象学的存在論」という考えと戯れたが、これを動機づけたものが何であろうと、後から見れば、その学問が反形而上学的な企図として意図されたものであったということは、明らかだと思われる。彼が後に、「形而上学の克服」という論文の表題をカルナップから借用したとき、それは単なるジョークではなかったのである。カルナップにとってそうであったように、「形而上学」は、ハイデッガーにとっても、超科学——すなわち、「道徳的理想」とデューイが呼んだものを、先在する実在として確立するような何か——という、いかがわしい観念を意味する。ハイデッガーが誰かに同意することがありうるとすれば、彼は次の主張に対して、デューイに同意するであろう。

イデアが理想としてではなく、先在する現実性として実在することを証明するために、人々は、巨大な知的体系、つまり哲学と神学とを、構築し始めた。彼らは、道徳的リアリティーを知的合意の問題に転換することによって、道徳的信仰が欠如していることを示したが、そのことに彼らは気づかなかった。(13)

デューイがわれわれに与えなかったもので、ハイデッガーが与えてくれるものがあるとすれば、それは、〈道徳的信仰から超科学へのそういった「非本来的」転換が、いかにしてそれ自身をそれぞれの時代において表現したか〉を示すような、ヨーロッパ哲学史の詳細な扱い方である。その場合、「存在」という言葉がこの扱いにおいて果たす役割は、次のようなものとなる。すなわち、形而上学的になるよう人々を動機づけたが、それ自身は疑似科学的探究の対象とはなりえなかったような、そういったものの名称としての役割である。この役割は、まさに、デューイの「道徳的理想」が持っている役割であり、一層正確に言えば、デューイの言う、「人間と、想像力が宇宙と感じる周りの世界との、依存と支えという形での結びつきの感覚[14]」が持っている役割に、ほかならない。

勿論ハイデッガーは、このデューイからの引用に含まれている、すべての言葉に反対するであろう。なぜなら、彼は、今日用いられている言葉のまさにほとんどすべてが、彼が《思索》と呼ぶもの——すなわち、彼の後期の仕事において「現象学的存在論」に取って代わる活動——には役立たないと考えるからである。彼の考えでは、「道徳的理想」や「想像力」や「人間」や「支え」のような観念は、普段のお喋り(Gerede)の中で用いられることによって、安っぽいものとなってしまい、《思索者》にとっては役に立たなくなっているのである。後期ハイデッガーがしばしばギリシア語を用いるのは、このためである。われわれは、このギリシア語を、ハイデッガー自身の独特の語義解釈に合わせて翻訳するものとされている。ハイデッガーは(残念ながら)信念の網目を編み直すだけでは済まず、あらゆる信念——行為規則——から逃れようとする思索者になった。彼は、コミュニケーションのための道具として、あるいは、われわれが欲するものを得るのに役立つような道具として形成された言語ではなく、「あるがままを表わす」(彼がかつてギリシア語に捧げた褒め言葉)ような言語を求めた。彼は、われわれの言いたい様々な事柄の、結びつきの編み直しを欲していたのではなく、むしろ、限りなく沈黙に近い言語を発見することを欲していた。『存在と時間』は、（『誰でもの信仰』や『組織神学』第一巻同様）われわれに新たな語り方を教えるための、一つの提案であった。それは、自らを超科学者と考えることなく、神や存在について問うことを可能ならしめるような、そういった語り方であった。後期の仕事が望んだのはただ一つ、どのようにしてふさわしい沈黙を保つかを、われわれに示すことであった。

　そのようなわけで、先に提起した問いに答えるなら、その回答は次のようになる。ハイデッガー――後期の一層重要なハイデッガー――を、編み直しに従事するもう一人のプラグマティストと見ることは、できないと思う。いずれにしても、ここでわれわれが見出すのは、「科学的方法」（広い、ぼやけた、フック的でない、「なんとか切り抜ける」という意味での）を用いたとは言い難い人物である。彼は、懸命になって、自分も超科学者や形而上学者や神学者となってしまうことを避けようとし、そのため、編み直しをやめてしまうのである。彼は、指さし、ほのめかすことしかしない。だがそれは、〈科学の方法に取って代わる別の方法を使用しているとして彼を批判するのは不可能だ〉ということを意味している。彼は、いかなる方法も用いない。彼は、どのような意味においても、科学と張り合おうとしているのではない。彼は「科学的知識ではないような知識」を与えることを、夢見たりはしないであろう。彼には、例えば、自然主義に反対して言うべきことなど、何もありはしない。なぜなら、彼の考えによれば、《思索》には、事物の働き方やその原因、あるいは(もし「根拠」という言葉の意味が、プロティノスの如き流出論者の言うようなものであるとすれば、)それらの「根拠」についてさえ、語るべきことがないからである。彼は、初期には、自分が用いる重要な言葉をすべて定義し直して、それらが「存在的」な意味ではなく、むしろ「存在論的」な意味を持つようにし(、そうして、それらが彼の目的にふさわしい言葉であるかどうかについて、彼と対話するのを不可能にし)たが、それとちょうど同じように、後期の仕事の中では、「行為規則」として——信念として——解釈できないような文のみを主張するよう気を配っ(て、彼との対話がまったく不可能となるようにし)たのである。

ハイデッガーにおいて批判されるべきことは、自然科学者の方法とは異なる方法(例えば「現象学的」方法)を用いるような、超科学を求めようとしたことではない。その試みは、せいぜいのところ、彼が中年初めに行なった逸脱行為にすぎなかった。批判されるべきは、彼の非・ヒューマニズムである。すなわち、デューイの言う「人間と、想像力が宇宙と感じる周りの世界との、依存と支えという形での結びつき」を、自分自身を他の人々から切り離すことによって見出そうとした点が、問題なのである。デューイは、ヨーロッパ文化を、技術が可能にした余暇と自由とによって彼の言う「美的なもの」の方向に動いていくものと見たが、これに対してハイデッガーは、われわれが持っているプラトン的な原罪に対する罰としてしか、技術を見ようとはしなかった。デューイは楽観的に、災いとしてではなく、〈形而上学の発明という犠牲は払ったものの、われわれ自身を宗教的束縛から解放しようとする初期の重要なステップ〉として、プラトンを把えた。彼は、プラグマティズム的見地から、〈悪い帰結はよい帰結と比較考量しなければならず、すべてを考慮すれば、プラトンは評価されるべきことになる〉と考えた。ハイデッガーにとっては、技術文明は、《思索》を欠いた非ギリシア的なものであり、それと結びついたどんな言葉も語らないようにすることだけが、益をもたらしうるのである。しかし、これがもたらす益は、ごく僅かなものでしかない。ティリッヒの場合にはキリスト教徒が、デューイの場合にはアメリカ人が、ある役割を演じたが、これと同じ役割を演じてくれるような共同体は、ハイデッガーには存在しない。それゆえ、そのような共同体の信念――そうしてさらにはその言語――の編み直しを手助けし、それによって、その共同体が自らの道を見出すように手を貸すといった試みは、ハイデッガーの場合には存在しないのである。

以上述べたことを纏めてみよう。私見によれば、ハイデッガーにおいても、あるいは彼からそれを受け取ったティリッヒにおいても、「存在」は単に、「人間と周りの世界との結びつき」を表わすための、「超越論的ドイツ語」にすぎない。その結びつきをイメージさせてくれるのは、「あらゆる性質や出来事の生起は、空間・時間中の、物質的システムの組織に依存する」という一般的定式として解釈される、自然主義ではない。それをさせてくれるのは、ある形態の芸術（ロマン主義的あるいは超越論的に、別の世界を覗き見るようなものとして解釈されない限りでの）と、ある形態の宗教（われわれを救済してくれる先在する力との出会いとして解釈されない限りでの）である。だが、イメージは知識ではない。もし「知識」が、明確に定式化された公共的基準に照らしてテストできるような命題を意味すべきであるとすれば（概して、そうであれば好都合なのだが）、「人間が持っている知識はすべて科学的知識である」というフックの発言は、まったく正しいことになる。しかし、このような「知識」の用法は、〈そのような基準には従わないが、にもかかわらずわれわれの生活には不可欠な談話形式〉のために、何らかの新たな術語を見出すよう、われわれに強いるだけである。『誰でもの信仰』、哲学の社会的機能について彼がよりヘーゲル主義的な立場から述べた見解の内のあるもの、それに、芸術の機能について同様にヘーゲル主義的立場から述べた見解のあるものにおいて、デューイはそのような術語を苦心して作り出そうとした。私の解釈では、これもまた、ティリッヒと（時おり）ハイデッガーが、同様に行なっていたことなのである。

ここで、科学的方法に関する私の疑念と、「存在の追求」が尊敬に値することを示そうとする私の試みとを、一纏めにしてみよう。私の理解からすれば、プラグマティズムと「大陸」哲学は、哲学に関するある伝統的な考えの欺瞞性を暴露することに、共通に関心を持っている。その伝統的な考えとは、〈共有された基準に訴えることによって可能となる論証の厳密さ〉と、〈われわれの生活にとって究極的重要性を持つ諸問題を決着させる能力〉とを統一するような、そういったある学問に関する考えである。伝統的な哲学のイメージは、〈究極の関心事に関する議論の余地のない結果を(今やいつでも)生み出してくれるような学問〉のイメージである。プラグマティズムの科学主義的な面——これはフックに最もよく現われている——は、この哲学のイメージを、超科学——すなわち、特権的方法を使用することによって、単なる自然科学者には手に入らないような種類の知識を得ようとするもの——のそれとして把えた上で、その欺瞞性を暴露する。プラグマティズムの全体論的な面——これはジェイムズに最もよく現われている——は、自然諸科学の成果はわれわれの生活に意味を与えるのに十分であるという示唆(と、それを与えようとする非科学的な試みは、どう見ても二流の知的活動であり、論証的散文を書こうとする試みによってではなく、むしろ絵を描いたり、叙情詩を書いたりすることによって満たされるべきものである、という系)に対して、その欺瞞性を暴露する。プラグマティズムのこの面が望んでいるのは、〈超科学者としての哲学者が手を引いた文化的役割の内に、自然科学者が足を踏み入れることのないようにさせる〉ということである。神々や、プラトンのイデアや、ヘーゲルの《精神》が発明されたときに、その目的となっていたところのものに対して、自然主義的世界観が何らかの仕方で貢献できるかのように考えるのは、間違っている。プラグマティズムの全体論的な面は、その文化的役割が満たされぬままに放置されることを、望んでいるのである。

「現前の形而上学」に対するハイデッガーの抗議と、「偶像崇拝」に対するティリッヒの抗議は、どちらも、この目的を——すなわち、〈超科学か単なる普通の科学のいずれかが、われわれの必要とするものを与えてくれるであろう〉という考えに対して、その欺瞞性を暴露するという目的を——共有している。両人とも、実証主義とヘーゲル主義とを、同じコインの両面と見る。すなわちそれらは、方法の介入する余地のないものに関して、方法的であろうとする試み——言い換えれば、世界の様々な断片を互いに関係づけるためのテクニックを、「周りの世界を宇宙として想像」しようとする試みに持ち込もうとする試み——の二つの面である。今世紀の「大陸」哲学の中心テーマは、ヘーゲルとカルナップの共通前提——すなわち、〈重要なのは、ある手続き(弁証法的、帰納的、仮説—演繹的、分析的、といったような)を厳格に遂行するという意味で、「科学的」であることだ〉という前提——を批判することであった。フックが「存在」の欺瞞性を「方法」の名において暴露したのとまったく同じように、ハイデッガーは「方法」の欺瞞性を「存在」の名において暴露した。私が示唆しようとしているのは、それらの欺瞞性を暴露した点ではフックもハイデッガーもともに正しかったが、どちらも時おり、彼らが攻撃している当の伝統に属する武器を、彼ら自身も使っていた、ということである。これらの武器は、今や、投げ捨てられなければならないのである。

それらを投げ捨ててしまうなら――すなわち、方法を持たないプラグマティズムや、存在論を持たないハイデッガー哲学でやっていこうとするなら――ティリッヒやジェイムズ、それに、デューイのより全体論的・融合的な面が、どのように知的生活が営まれることになるかを示唆してくれると思う。それは、認識的なものと非認識的なもの、「真理」と「慰め」、命題的なものと非命題的なもの、といったものの間の伝統的な区別にあまり言及することなく、営まれるであろう。特にそれは、「哲学」とほかのものとの区別を重視せず、また、芸術と宗教と科学と哲学に、別個の文化的役割を割当てようとはしないであろう。それは、〈ある問題領域(例えば、存在や推論や言語や知識や心のような)を扱う特殊な専門家――すなわち哲学者――が存在する〉という考えを捨てるであろう。それはもはや、「哲学」を、敵の手から守らなければならない聖域の名称とは考えないであろう。別の学問に携わる人々は、もはや、(メアリー・マッカーシーの研究家のように――その人は自分の短い話を終えると、それを記号化するよう助けを求めた)自分が使用する諸概念を適切な仕方で「解明」してもらおうと、哲学教授の周りに集まることはないであろう。

〈一般的な「哲学的」諸観念を扱う特殊な科学的(wissenschaftlich)方法が存在する〉という考え(デューイが最善を尽くして反対した考え)を捨てることができるなら、物理学から詩に至る文化の全体を、単に制度的・教育的配慮によって各部門に分かれているだけの、一つの連続的な継目のない活動と考えるのに、ほとんど困難はないであろう。これによって、「真理」と「慰め」とをどこで区別するかという道徳的問題は、論じられなくなるであろう。こうして、プラグマティズムの融合的・全体論的な面——すなわち、人間は、彼らの活動のスペクトル全体を通して、ほとんど同じ種類の問題解決を行なっている(すでに行なっているのであって、それを始めるよう迫られる必要はない)、と見ようとする面——が有している使命を、われわれは果たすことになるであろう。

最後に、〈これまで述べてきたことが、現代アメリカ文化のある問題に対してどのような関係を持っているか〉を、適切なプラグマティズムのスタイルで述べ、これによって結論としたいと思う。そのある問題とは、冒頭で述べた、〈アメリカの伝統的な反イデオロギー的自由主義に対する軽蔑〉のことである。三〇年代のアメリカの知識人に対するマルクス主義の誘惑に対して、デューイとフックは手を携えて戦い、多大の成功を収めた。特に彼らは、〈われわれの文化生活の素朴なアメリカ的諸形態は、外来のもっと洗練されたものに取って代わられた〉と考えさせるような誘惑(実際、われわれアメリカ人は、そう考えやすい)と闘った。スターリン主義者とニーブール主義者は、〈君たちは本当に素朴だ〉とわれわれアメリカ自由主義者に言う点で、一致していた。デューイとフックは、彼らの欺瞞性を一挙に暴露することを楽しんだ。彼らのお蔭で、アメリカの戦前の知識人のほとんどは、ドイツ人の深さやフランス人の繊細さに面喰らうことはなかった。ところが、今日では、事態は異なっている。よくできる学生のある者は、アルチュセールを真剣に受けとめる。「哲学的な深さ」という考えが再び広まっており、これは、不可避的に、大陸に戻っていくことを意味している。この旅は、それ自体決して悪いものではない。だがそれは、〈自由主義は、知的観点からすれば、軽薄であり、「診断」を要する〉という考えと結びつくようになっている。そのため、今日われわれは、ある悲しむべき光景を目にしている。〈「現代市民社会」(生きながらえている議会制民主国家)を批判するための「新たな哲学的基礎」が必要だ〉という主張において、フックがよく「反射的自由主義」と呼んだもの(悪いことはみな統治者のせいにしようとする自由主義)が哲学特有の深遠さ(Tiefsinnigkeit)と結びついているのである。

　戦後、アメリカの活力は減退した。だが、これを哲学に関する様々な見解の存否に帰するのは、ばかげているであろう。それは、はるかに大規模な現象――すなわち、諸国民を導くというアメリカの希望の喪失――なのである。ここ四〇年間の挫折とディレンマが、この喪失を避けがたいものにしたのかもしれない。しかし、〈かつて自分たちが演じてよいと考えていた役割に、自分たちは道徳的な点で値しないとわかった〉という感覚が、それについてまわる必要は、なかったのではないか。私見によれば、そういった自分を甘やかす悪意の喜び(Schadenfreude)こそが、〈デューイの実験主義――もっと希望が持てた時代に支配的であった知的運動――は、「本当の」哲学ではなく、単にある制度を合理化して弁護するようなものでしかなかったのだ〉という考えを、生み出すもとなのである。

　この後の方の示唆には、勿論、正しいところがある。確かに、デューイと彼に追随する者たちは、〈改良主義政治は、革命によってのみ可能だとマルクス主義者が考えていることを、〈国内的にも国際的にも〉なすことができる〉と断言していた。もっと一般的な言い方をすれば、プラグマティズムは、ある種の歴史を持ったある種の政治形態の内でのみ考えうるような、そういった種類の運動である。けれども、それらをみな認めた上で、われわれはなお、ある不当な区別を行なうことに、抵抗し続けなければならない。〈ある時代と場所(それゆえにまた、様々な制度)が持っている精神を哲学的な言葉で表現すること〉と、「本当の哲学」なるものとを区別することが、それである。後者の観念が何かを意味するとすれば、それは、そういった表現以上のものを生み出すような学問――すなわち、それ自身を時代と場所から切り離して、端的に実在を見るような学問――を意味する。

　そのような諸観念は、〈ある新たなジャーゴンは、古いジャーゴンにできなかったことが、〈今やいつでも〉できる体勢にある――すなわち、意見や慣習や歴史的偶然性を払拭して、われわれを直接事物そのものの所に連れていくことができる〉という希望を、具体化している。それらは、古いプラトン的な夢を表わしている。デューイとフックは、幾世代かのアメリカの知識人たちに、この夢に逆戻りしないよう、「哲学的な深さ」を避けるよう、そして、その時代のこまごまとした個々の危険に目を向けるよう、手を貸した。フックの戦術――彼がより広い公共の場面で採用した戦術ではなく、仲間の哲学教授のある者を扱うにあたって採用した戦術――に対する私の批判は、彼が採用した全面的暴露戦術に手を貸そうとするものであった。もし(方法を奪われた)プラグマティズムと(「深さ」を奪われた)「大陸」哲学とが一緒になりうるとすれば、われわれは、(アメリカの政治生活に対するフックの貢献が例示しているような、)自由主義を擁護するためのよりよい立場に立つことになるであろう。

注

(1) Sidney Hook, *The Quest for Being* (New York : Greenwood, 1963), p. 185.
(2) *Ibid*., p. 181.
(3) *Ibid*., p. 214.
(4) *Ibid*., p. 181.
(5) Sidney Hook, *Pragmatism and the Tragic Sense of Life* (New York : Basic Books, 1974), p. xi.
(6) John Dewey, *A Common Faith* (New Haven : Yale University Press, 1934), p. 51.
(7) *Ibid*., pp. 52-53.

(8) *Pragmatism and the Tragic Sense of Life*, p. 114.

(9) *Ibid*., p. 193.

(10) Sidney Hook, "A Personal Impression of Contemporary German Philosohpy," *The Journal of Philosophy*, 27 (1930), p. 145.

(11) *Ibid*., p. 156.

(12) *Pragmatism and the Tragic Sense of Life*, p. 103.

(13) *A Common Faith*, p. 21.

(14) *Ibid*., p. 53.

Ⅳ　哲学史の記述法――四つのジャンル

一　合理的再構成と歴史的再構成

分析哲学者が過去の偉大な哲学者の議論に「合理的再構成」を施そうとするとき、彼らはその哲学者を、同時代人として――つまり意見を交換することのできる同僚として――扱おうと思っている。もしこれをしないなら、いっそわれわれは哲学史を哲学史家に委ねた方がよい、と彼らは主張する(この場合、彼らは哲学史家を、哲学的真理の探究者というより、単なる学説《ドクソグ》史家《ラファー》と考えている)。だが、そのような再構成は、時代錯誤の誹りを受けてきた。分析的哲学史家は、テクストに手を加え、それを哲学雑誌で今論じられているような命題の形に変えてしまうと、しばしば非難されている。今、言語哲学やメタ倫理学で行なわれている論争の、いずれかの陣営に、むりやりアリストテレスやカントを配すべきではない、というわけである。ここにはディレンマがあるように見える。つまり、自分たちの問題や語彙を過去の人々に押しつけて、彼らを対話の相手にするという時代錯誤を犯すか、それとも、過去の哲学者の誤謬を蒙昧な当時の文脈に置いて、それらをさほどばかげたものに見えないようにすることだけにわれわれの解釈活動を制限するか——このいずれかのようなのである。

しかし、これらの選択肢は、ディレンマを構成しない。われわれは、これらのいずれをも、行なわなければならない——但し、別々にではあるが。一方では、われわれは、科学史を扱うのと同じような仕方で、哲学史を扱わなければならない。科学史の分野では、昔の人々より自分たちの方がものをよく知っていると言うのに、躊躇することはない。アリストテレスは誤った天空モデルを持っていたとか、ガレノスは循環器系の働き方を理解していなかったとか言うのを聞いても、時代錯誤だとは思わない。われわれは、過去の偉大な科学者たちの無知を、当然のことと思っている。それと同じように、不幸にも、アリストテレスは実在的本質の如きものが存在しないことを知らなかったとか、ライプニッツは神が存在しないことを知らなかったとか、デカルトは心が別の記述の下では中枢神経系にほかならないことを知らなかったとかいったことを、われわれは、ためらうことなく言うべきなのである。それを躊躇するのは、同僚にそうした事実を知らない者がおり、にもかかわらず、礼儀上彼らを「無知だ」とは言わずに、

「別の哲学的見解を持っている」と言うことにしているからである。科学史家の場合には、水晶天球を信じたり、循環に関するハーヴェイの説明を疑ったりするような同僚はおらず、そのため彼らは、こうした遠慮をしなくてよいのである。

自分自身の哲学的見解に基づいて、過去の哲学者を記述する言葉を意識的に指定することには、何ら不都合はない。しかし、彼らを別の言葉、つまり、彼ら自身の言葉でもって記述することにも、それなりの理由がある。過去の哲学者が生きていた知的状況——とりわけ、彼らが同時代人(もしくはほぼ同時代人)と行なったであろう、現実の対話や架空の対話——を蘇らせるのは、有益なことである。われわれほどには知識を持っていなかった人々が、どのように話したかを知ること——彼らがどのように話したかを、自分自身が同じ時代遅れの言葉を喋っているのが想像できるほど、詳細に知ること——は、ある目的を達成するための手段となる。人類学者は、未開人が宣教師の教えにどう反応するかということだけでなく、彼らが仲間同士でどのような話をするかということも、知りたいと思っている。このため、人類学者は、彼らの頭の中に入り込もうとし、自宅で用いることなど夢にも思わないような言葉で、考えようと努める。これと同じように、〈アリストテレスがアリスタルコスやプトレマイオスと天国で話したとしたらどう言ったであろうか〉ということを想像できる科学史家は、ある興味深いことを知っていることになる。それは、ホイッグ主義的天体物理学者——〈アリストテレスがガリレオの議論によってどのようにやっつけられたか〉ということだけしかわからないような――には、知ることのできないものである。天体の運動や神の存在などに関するわれわれ自身のより優れた知識を括弧に入れなければ得られないような知識――すなわち、歴史的知識なるもの――が、存在するのである。

そうした歴史的知識の探究は、クェンティン・スキナーが定式化した、次のような制約に従わなければならない。

行為者当人が、自分の言おうとしたことや行なったことの正しい記述と認める気になれないものを、当人の言おうとしたことや行なったこととして、言い立てることはできない。

(Skinner 1969 : 28)

スキナーは、この格率によって、ある可能性が排除されると言う。その可能性とは、「行為者の行動に関する説明が、行為者当人には使えなかった記述基準や分類基準に依拠していることが明らかな場合、それでもなお、それが、行為者の行動に関する説明として受け入れられる可能性」のことである。「行為者が言おうとしたことや行なったこと」には、「行為者の行動に関する説明」同様、ある重要な意味合いがあり、その意味合いを保持するためには、この制約は避けることができない。だが、この制約に従うような、アリストテレスやロックの行動の説明を望むとしたら、次のような説明だけしか受け入れてはならないであろう。すなわち、彼らが同時代人のあらゆる批判や疑問に答えたとしたら、どのように言ったと思われるか――これを語ってくれるような説明だけである(今、「同時代人」と言ったが、もっと正確には、「その人々の批判や疑問なら彼らは即座に理解できたであろうような、彼らの同時代人もしくはほぼ同時代人」――大雑把に言えば、「「同じ言語を話した」すべての人々」――と言うべきであろう。なぜなら、過去の偉大な哲学者自身とまったく同じように、そうした人々もまた、われわれが今知っていることを知らなかったからである)。「木星の月について(あるいはクワインの反本質主義について)アリストテレスはどう言ったであろうか」、「労働組合について(あるいはロールズについて)ロックはどう言ったであろうか」、「感官知覚や物質に関するバークリーの見解を「言語論化」しようとしたエヤーやベネットの試みについて、バークリーはどう言ったであろうか」――こういった問いを、問い続けていこうと思ってもかまわない。だが、そうした問いに対して想像される彼らの回答は、スキナーの言う、彼らが「言おうとしたことや行なったこと」に関する記述とは、見なされないであろう。

再教育されていない、未開人、過去の哲学者、科学者たちは、互いに何と言ったであろうか――これに関する歴史的知識を得たいと思うのは、主として、それによって、自分たちのとは異なる知的生活形式があったことに、気づかされるからである。スキナーが正しく言っているように(1969 : 52–53)、「思想史研究に不可欠の価値」は、「必然的なものと、われわれ自身の偶然的取り決めの結果にすぎないようなものとの区別」を学ぶことにある。続けて彼が言うように、後者は確かに「自己認識そのものの鍵」である。だが、自分たち（その偶然的取り決めには、実在的本質は存在しないとか、神は存在しないとかいった一般的合意が含まれる）と過去の偉人との対話を想像したいという欲求も、われわれにはある。それは、一つには、自分を偉人たちの仲間のように感じることが、すばらしいことだからであるが、それだけではない。人類の歴史を、長きに亙る対話のやりとりと見ることができるよう、望んでいるからでもある。そのようなことを望むのは、記録された歴史の行程に合理的進歩があったことを――つまり、祖先も結局は受け入れることができるであろうような理由で、われわれが祖先とは違っているということを――確認するためである。この点の再確認は、自己認識に劣らず重要である。アリストテレスがガリレオやクワインを研究して考えを改め、アクィナスがニュートンやヒュームを読んで考えを改めるといったことを、われわれは想像する必要がある。誤りを犯した過去の偉人が、天国からわれわれの最近の成功を眺め、自分の誤りが訂正されたのを見て喜ぶ――そういった事態を、科学と同じく、哲学においても、考えてみる必要がある。

つまり、こういうことである。われわれは、アテナイの通りを歩いていたアリストテレスが、何を「自分が言おうとしたことや行なったことの正しい記述と認める気になりうる」か、ということだけに関心を持っているのではない。もしアリストテレスが理想的な分別と、理想的な教育可能性とを持っているとすれば、何をそういった記述と認める気になりうるか——こういうことにもわれわれは関心を持っている。理想的原住民は、〈自分の部族には、不当な経済的取り決めを助長するようしくまれた、血族関係のシステムがあって、自分はそのシステムの存続に手を貸していたのだ〉ということを、自分自身に関する記述として、ついには受け入れるようになるかもしれない。収容所の理想的警備兵は、〈自分は同胞のロシア人を裏切っていたのだ〉と、ついには考えるようになるかもしれない。理想的なアリストテレスは、〈自分は、生物学的研究の準備段階である分類段階を、あらゆる科学的探究の本質と見誤っていた〉と、反省する気になるかもしれない。自分が言おうとしたことや行なったことに関するそういった新たな記述を受け入れる気になったとき、これらの架空の人々は、みな、「われわれの一員」となっている。彼らは、われわれの同時代人、同胞市民、もしくは、同じ専門母型に属する仲間なのである。

再教育された過去の人々とのそうした対話の例として、カントを論じたストローソン(1966)を挙げることができる。『意味の限界』は、『個体』と同じ動機から成立した。つまり、ヒューム的な心理学的原子論は、ひどく方向を誤っていて不自然であり、常識的「アリストテレス的」な物の枠組を(ホワイトヘッドとクワインに共通するやり方で)「出来事」や「刺激」に置き換えようとする試みも、ひどく方向を誤っている——そういった確信に、それらは由来している。

カントはこのような考え方に同意していたし、「超越論的分析論」のかなりの部分が、似通った主張に費やされている。それゆえ、ストローソンのような関心を持っている人が、次のような願望を抱いたとしても、不自然ではない。すなわち、〈どのようにすれば、彼の行なったあまりもっともらしくない発言は控えつつ、そういった主張が行なえるか〉——これをカントに示したいという願望である。カントが行なったあまりもっともらしくない発言とは、カント以後の哲学の進歩によって、われわれが行なおうとは思わなくなった発言のことである。例えば、ストローソンは、「心の中の」とか「心によって作られた」とかいった観念なしに——つまり、ウィトゲンシュタインやライルがその呪縛から解放してくれたような観念なしに——やっていく方法を、カントに示すことができる。ストローソンとカントの対話は、大切なものを正しく把握するのに才能と独創性とを発揮しながら、腹立たしいことに、この話題を多くの時代遅れの愚かな考えとごたまぜにしているような、そういった人との間で交わされた、対話である。エヤー(1936)やベネット(1971)が、現象主義をめぐってイギリス経験論者と交わした対話も、そういった対話の例である。これらの対話は、知覚生理学に関する問題や、神の存在に関する問題(今日われわれは、それらについてよりよい情報を得ており、それらが当面の問題には関係しないことを見てとることができる)を除去し、現象主義の純粋な本質だけを取り出そうとするものである。われわれは、自分たちとよく似た考えを持っている人々に話しかけて、〈自分たちがそれらの考えをより明確にしたことを彼らに認めさせたい〉とか、〈その対話を通じてそれらの考えをより一層明確にしたい〉とかいった、自然な願望を持っている。エヤーやベネットの対話の場合にも、こうした自然な願望が、満たされているのである。(1)

もちろん、そういった共約化の企ては、時代錯誤的ではある。だが、それを十分承知の上でなら、そういった企てに異議を挟む余地はない。そういった企てに何らかの問題があるとすれば、それはただ言葉の問題だけである。つまり、〈合理的再構成は「過去の人々が実際に言ったことを明確にする」ものと見なしうるか〉という言葉の問題と、〈合理的再構成は「本当に」歴史を記述するものなのか〉という、これまた言葉の問題だけである。それらの問題がどのように答えられようと、それで何が変わるというわけでもない。〈コロンブスが発見したのは中国でなくアメリカであった、だが、彼はそのことを知らなかった〉という記述は、不自然ではない。〈アリストテレスは、自然的下降運動の結果というよりもむしろ、引力の結果を、それとは知らずに記述していた〉——この記述も、だいたい同じように、不自然ではない。〈プラトンは、無意識の内に、言葉はすべて名前であると(あるいはその他、意味論に関心のある現代の注釈者が彼の議論を再構成するのに便利だと思うような、何らかの前提を)信じていた〉という記述も、多少わざとらしさは多くなるものの、同じ線をもう一歩進めただけのものである。スキナーの「言おうとする」の意味では、プラトンがそのようなことを言おうとしたのではないことは、かなり明白である。われわれが時代錯誤を犯して〈彼が「本当に」奉じていたのはそういった説である〉と言うとき、われわれが言おうとしているのは、次のようなことである。すなわち、もし彼が、別の見解を持つべきであったかどうかをめぐって現代の哲学者と架空の議論を行なうとすれば、彼は、自分が決して定式化したことのなかったような前提――好意的に合理的再構成を行なう人が彼に示唆しなければならないであろうような前提――に依拠することを余儀なくされ、自分が決して考察したことのないような話題を扱わざるをえなくなるであろうということ、これである。

再教育されていない過去の思想家は、自分の同時代人に何と言ったであろうか――これに関する歴史的再構成――スキナーの格率に従ってなされる再構成――は、理想的には、あらゆる歴史家が認めることのできる再構成である。ホッブズがもう数十年生きながらえて、しかも生前同様の能力を維持していたとしたら、そのホッブズに対してロックはどのように言ったであろうか――これが問われている場合には、歴史家たちが合意に至らない理由はない。ホッブズとの対話を想像して書いたロックの手稿が発見されれば、おそらくその合意は確証されるであろう。これに対して、合理的再構成の方は、収斂しそうになく、また、収斂しなければならない理由もない。〈言葉はすべて名前であるかどうかという問い――ないし、他の何らかの意味論的テーゼに関する問い――は、他の多くの話題に関するわれわれの見解をも決定するような問いである〉と考える人がいる。だが、その一方では、〈言語哲学は一時的な流行にすぎず、プラトンと彼に反対する現代の偉大な思想家たち（ホワイトヘッドやハイデッガーやポパーのような）とを異ならしめている本当の争点とは無関係である〉と考える人もいる。この場合、彼らは、まったく異なる架空の対話を、プラトンと行なうであろう。フレーゲ主義者、クリプキ主義者、ポパー主義者、ホワイトヘッド主義者、ハイデッガー主義者は、プラトンと議論を始める前に、それぞれに異なる仕方で、彼を再教育するであろう。

過去の偉大な哲学者たちに関する議論は、スキナーの格率を守ることに依存する歴史的再構成と、スキナーの格率を無視することに依存する合理的再構成とを、交互に繰り返している――こういった見方をすれば、それら二つのものが衝突する必要はない。スキナーの格率を尊重する場合には、過去の思想家は「彼自身の言葉で」説明され、〈そういった言葉を今なお用いている人がいれば、その人は変に思われる〉という事実は無視される。これに対して、スキナーの格率を無視する場合には、「われわれの言葉で」説明がなされ、〈生前の言語習慣を保持したままの過去の思想家は、われわれの言葉を自分の関心や意図とは無縁のものとして拒絶したであろう〉という事実が、無視されるのである。しかし、一方は過去の思想家が何を言おうとしたかを明らかにすることであり、他方は彼の言ったことが真であるかどうかを明らかにすることであるというふうに、これら二つの仕事を理解してはならない。人が何を言おうとしたかを明らかにすることは、彼の発話が彼の言語行動や他の行動の一般的パターンとどう調和するかを、明らかにすることである。大雑把に言えば、それは、〈自分の以前の発言内容を問われた場合に、彼はどう答えたか〉ということを、明らかにすることなのである。したがって、「彼が何を言おうとしたか」は、誰がそのような問いを発しているかによって、異なることになる。もっと一般的に言えば、「何が言われているか」は、どれほど広い範囲の現実の行動や可能な行動を念頭に置くかによって、異なるのである。人はしばしば、自分が後で言ったことを聞いて——自分のもともとの発話の帰結に自分が反応するのを耳にして——それで初めて自分の言おうとしたことがわかったと言うが、これは至極もっともなことである。ロックは、天国でジェファーソンやマルクスやロールズと次々に対話した後で、初めて、自分が何を本当に言おうとしていたか——『統治論』の第二論文で本当は何に到達しようとしていたか——がわかった——このような仕方でロックを記述するのは、まったく道理にかなっている。理想的な不死のロックは、自分の言おうとしたことが結局何であったと考えたか——こういった問いを除外することも、同様に、まったく道理にかなっている。もしわれわれが、ロックの時代のイギリスにおける政治思想家の在り方と、二〇世紀のアメリカ文化における政治思想家の在り方との違いに関心を持っているなら、われわれは後のやり方を実行するであろう。

もちろん、テクストを置くことのできる対話の文脈と同数の意味をテクストに認めるような仕方で「言おうとしていること《ミーニング》［＝意味］」という言葉を用いるのではなく、後者のスキナー的な企ての中でわれわれが求めているものに、その言葉の使用を限定することもできる。そのような限定を望むなら、E・D・ハーシュの「意味《ミーニング》」と「意義《シグニフィカンス》」の区別を受け入れて、前者を、テクストが書かれた頃の著者の意図と合致するものに限り、「意義」を、何らかの別の文脈におけるテクストの位置を表わすのに用いることができる。[2] しかし、〈「意味」を発見するのは「歴史家」の仕事であり、「意義」を――そして最後には真理を――探究するのは〈哲学的テクストの場合〉「哲学者」の仕事である〉と主張するのでなければ、ハーシュの区別を受け入れたからと言って、何が変わるわけでもない。重要なのは、〈ある主張の意味を把握することは、その主張をある文脈に置くことである――主張者の心の中から意味の小さなかたまりを掘り出すことではない〉ということを、明らかにすることである。〈主張者がその主張を行なった頃に考えていた事柄〉から成る文脈に、特権を与えるかどうかは、その主張に関する考察からわれわれが何を得ようと思っているかによる。スキナーの言うように、「自己認識」を求めているのなら、時代錯誤をできるだけ避ける必要がある。これに対して、今問題となっていることをめぐって過去の思想家と対話し、それを通して自己正当化を図りたいと思うなら、時代錯誤を犯していることを自覚している限り、好きなだけそれに没頭してよいのである。

では、過去の思想家の言ったことが真であったかどうかを明らかにすることについては、どうであろうか。意味を決定することは、現実の行動や可能な行動の文脈に、主張を置くことであった。それと同じように、真偽を決定することは、われわれ自身が進んで主張するような事柄から成る文脈に、それを置くことである。われわれが理解可能な行動パターンと見なすものは、われわれが真であると信じているものの関数であるから、真理と意味とを互いに独立に確認することはできない。[3] 過去の偉大な哲学者の著作の中に有意義な真理もしくは含蓄のある重要な誤りを見出すとされる合理的再構成は、彼の著作を置くことのできる大きく異なる文脈の数だけ存在する。初めに主張したことを繰り返せば、科学史と哲学史の見かけの違いは、〈これらの異なる文脈のあるものは、同じ専門の構成員の異なる意見を表わしている〉という、興味のない事実を反映しているにすぎない。〈アリストテレスの著作にはどれだけの真理が見出されるか〉ということに関して、哲学史家の間には、生物学史家の場合以上に見解の相違が認められるが、その理由はここにある。こうした論争の解決は、「歴史学」の問題ではなく、むしろ「哲学」の問題である。もし同様の不一致が生物学史家の間にあるとすれば、それを解決するのは、「歴史学」というよりは、「生物学」の仕事であろう。

二　標準リストを形成するものとしての精神史

これまで私が示唆してきたのは、〈哲学史と自然科学史との間の違いは偶然的なものでしかない〉ということである。どちらの場合にも、後の発展を視野の外に置く文脈主義的説明と、われわれ自身のよりよい知識に依拠する「ホイッグ主義的」説明という、二つの説明の対比を見出すことができる。私が言及した唯一の違いは、哲学は生物学よりも係争点が多いので、過去の偉大な哲学者に関する時代錯誤的再構成は、過去の偉大な生物学者に関するそれよりも多様である、ということである。しかし、これまでの私の議論は、〈過去の偉大な人物の内からどうやって過去の偉大な哲学者なるものを選り出すか〉という問題を、無視していた。したがって、〈「思想」ないし「文化」の歴史から、哲学史をどうやって選り出すか〉という問題には触れなかった。後者のような問題は、生物学史の場合には生じない。なぜなら、生物学の歴史は、植物と動物に関する著作の歴史と等外延的だからである。その問題は、化学史の場合には、比較的トリヴィアルな形でしか生じない。なぜなら、パラケルススを化学者と呼ぶか、錬金術師と呼ぶか、それともその両方の名称で呼ぶかということは、誰にとってもさほど問題にならないからである。〈プリニウスはメンデルの場合と同じ意味で生物学者であったか〉という問いや、〈アリストテレスの『生成消滅論』は化学の分野に属すると見なしうるか〉という問いは、あまり心を把えない。なぜなら、これらの分野では、進歩の物語を明確に語って聞かせることができるからである。その物語をどこから始めようと——どこで思弁の混沌から当該「学問」が発現したと考えようと——大した違いはないのである。

しかし、そのことは、哲学史の場合には、大きな違いをなす。なぜなら、「哲学史」は、これまで論じてきた二つのジャンルに加えて、第三のジャンルをも包含しているからである。ジョン・ダンがロックに対して行ない、J・B・シュニーウィンドがシジウィックに対して行なったような、スキナー的な歴史的再構成と、ベネットがイギリス経験論者に対して行ない、ストローソンがカントに対して行なったような、合理的再構成のほかに、広い範囲を覆う大きな精神史的(geistesgeschichtlich)物語——ヘーゲルを範型とするジャンル——がある。このジャンルは、現在では、例えばハイデッガー、ライヒェンバッハ、フーコー、ブルーメンベルク、マッキンタイヤーに代表されている。[4] それは、合理的再構成と同じやり方で自己正当化を行なおうとするものではあるが、それとは規模が異なっている。〈過去の偉大な哲学者はある卓抜な考えを持ってはいたが、不幸にも「時代の制約」のため、それをまっすぐに把えることができなかった〉——合理的再構成は、専らこういった発言を目指している。それは、通常、哲学者の仕事の比較的小部分——例えば、現象と実在の関係に関するカントの考えや、様相に関するライプニッツの考えや、本質、存在、予測の観念に関するアリストテレスの考え——に限定されている。それは、過去の偉大な哲学者が論じていたのと「同じ問題を扱っている」と言えるような、ある最近の哲学上の業績の光の下で、進められる。〈彼がこれらの問いに対して与えた答えは、もっともらしい、興味をそそるものではある、しかし、それには、言い直しや純化——

あるいはおそらく、その分野における仕事の進展によって最近可能となった厳密な論駁――が必要である〉――合理的再構成は、こういったことを示すよう考案されている。これに対して、精神史(Geistesgeschichte)は、問題解決のレヴェルよりも、問題構制のレヴェルにおいて、仕事をする。それは、〈過去の偉大な哲学者の解答や解決がどの点において現代の哲学者のそれと一致するか〉を問うのではなく、「なぜ人は……という問いを自分の思想の中心に据えるべきであったのか」、「なぜ人は……という問題を真剣に取り上げたのか」、といった問いを追究することに、多くの時間をかける。それは、哲学者を記述するのに、彼が行なった最も有名な議論の見地からではなく、むしろ、彼の行なった仕事全体の見地から、これを行なうのを常とする(例えば、カントを、「超越論的分析論」の著者としてではなく、むしろ三『批判』書全部の著者、フランス革命の熱狂的支持者、シュライエルマッハーの神学の先駆者等々として)。それは、哲学史家やその仲間たちの、哲学的諸問題に対する特定の解決を正当化しようとするものではない。むしろそれは、彼ら独自の哲学的関心を――哲学に対する彼ら独自の把え方を――正当化しようとするものである。それは、〈過去の偉大な哲学者が、所与の哲学的問題に対するある特定の解決をどのように先取りしていたか〉、あるいは〈どのような興味深い仕方でそれを先取りし損なったか〉を指摘することによって、その解決をもっともらしく見せようとするものではない。むしろそれは、ある哲学のイメージに、もっともらしさを与えようとするものである。

この第三の、精神史的哲学史の存在が、科学史と哲学史とに見かけの違いがあることの、もう一つの理由をなしている。科学史家は、今日の物理学者が素粒子を扱い、今日の生物学者がDNAを扱っていることに対して、正当化の必要性を感じたりはしない。ステロイドが合成できれば、歴史的正統化は不要である。だが哲学者は、意味論、知覚、《主観》と《客観》の統一、人間の自由の拡大など――要するに、広い範囲を覆う大きな物語を語ろうとする哲学者の実際の関心事――を扱うことに対して、それを正当化しなければならない。どの問題が「哲学の問題」なのか、どの問いが哲学的問いなのか――こういった問いに答えるのが、精神史的哲学史の主な務めである。これとは対照的に、生物学史や化学史は、そういった問いを、言葉の問題として却下することができる。それらは、当該学問の今議論の余地のない部分を、端的に、歴史が目標としてきたものと見なすことができる。〈進歩の物語としての科学史〉の目標には、論争の余地がないのである。

すでに述べたように、哲学史と科学史との間に違いがあるように見える理由の一つは、〈例えば神の存在について意見を異にする哲学者たちが、にもかかわらず同じ専門の同僚である〉ということ事実にあった。〈神の存在は、重要な、興味深い、「本当の」問題であるかどうか〉ということに関して見解を異にする人々が、同じ専門の同僚でもある――これが、違いがあるように見える第二の理由である。「哲学」と呼ばれるアカデミックな学問は、哲学的問いに対する異なる解答ばかりでなく、どのような問いが哲学的問いかということについての徹底した見解の相違をも含んでいる。この観点からすれば、合理的再構成と精神史的再解釈は、程度において異なるだけである。つまり、〈再構成もしくは再解釈の対象となっている過去の偉大な哲学者とどの程度見解の相違があるか〉という点において、それらは異なっているだけなのである。もしその哲学者との相違点が、主として問題の解決の仕方にあって、どの問題が議論を要するかということにあるのではないとすれば、その場合には、(例えばエヤーがバークリーを再構成したように、) その哲学者の再構成が行なわれていると考えられるであろう。また、(ハイデッガーを却下してしまおうとするエヤーのハイデッガー解釈や、キルケゴールを「思索者」としてではなく「宗教的著述家」として片付けようとするハイデッガーのキルケゴールに関する記述の場合のように)〈その人は考える必要のないことを考えようとした〉ということを示そうとするのであれば、その場合には、なぜその人が哲学者と見なされるべきでないかを説明しようとしていることになるであろう。そして、その人を哲学者の標準リストから外すよう、「哲学」という言葉が定義し直されることになるであろう。

科学史の場合には、標準リストの形成は問題にならない。自分の科学活動をもっと立派に見せるために、その由来を過去の偉大な科学者の活動に求めたり、傑出した先駆者とされている人々を似非科学者とけなすことによって、自分のしていることを正当化しようとしたりする必要は、ここにはないのである。哲学史の場合に標準リストの作成が重要となるのは、「哲学」という言葉が、記述的用法だけでなく、ある重要な尊称的用法をも有しているからである。記述的用法の場合、「哲学的問い」という言葉は、現代のある「学派」が今論じている問い、もしくは、通例「哲学者」とされている歴史的人物のすべてないし多くが論じてきた問いを、意味することができる。しかし、尊称的用法の場合には、それは、当然論じられるべき問い——非常に一般的かつ重要であるがゆえに、時代と場所を問わず、あらゆる思想家の念頭になければならなかった問い（各々の思想家がそれをはっきり定式化したかどうかはともかくとして）——を意味する。(5)

「哲学的問い」のこうした尊称的用法は、理論上、合理的再構成とは無関係である。心身二元論についてデカルトと議論し、現象と実在の区別についてカントと議論し、意味と指示についてアリストテレスと議論したいと思っている現代の哲学者は、〈これらの話題は人間が自らの状態や運命を反省する場合に避けることのできないものだ〉と主張する必要はないし、また通例そういった主張を行なうこともない。合理的再構成を行なう者は——科学史家が鳥の分類や精神異常の種類について言うであろうと同じように——〈これらの話題は興味深い来歴を持っており、今なおそれに関する興味深い仕事がなされている〉と言うだけである。合理的再構成と、それに続く議論にとっては、ある話題が「避けられない」ものであるかどうかを思い煩う必要はない。だが、精神史、すなわち、教訓を有する知の歴史にとっては、それが必要である。なぜなら、〈われわれが最近ある哲学的問いを提起し続けてきたのは間違いではなく〈あるいは間違いであり〉、精神史家がある問題構制を受け入れるのは正当である〉ということが、引き出されるべき教訓だからである。これに対して、合理的再構成を行なう者は、〈哲学が道を誤っていないかどうかを問う必要がある〉とは思わない。それは、科学史家が、現代の生化学がいい状態にあるかどうかを問う必要がないのと、同じことである。

「哲学」の尊称的用法は、理論上は、歴史的再構成にとっても無関係である。もし現代の精神史が、ロックやキルケゴールを哲学者の標準リストから外すとしても、文脈主義的歴史家は、それに動じることなく、ロックやキルケゴールがどんな人物であったかを、記述し続けることができる。文脈主義的歴史の観点からすれば、何世紀をも覆う大きな物語は必要ではない。つまり、一七世紀のイギリスにおける政治への関わり方や、一九世紀のデンマークにおける宗教への関わり方を説明する場合には、それをはめ込むべき大きな物語を必要とはしないのである。そうした歴史家にとっては、〈自分の選んだ人物は、「本当は」、一流の哲学者だったのか、二流の哲学者だったのか、政治家だったのか、神学者だったのか、それとも文学者だったのか〉という問いは、問題にならない。これは、アメリカ鳥類協会が背後で分類し直したばかりのキッツキの交尾行動を記録するフィールド博物学者にとって、その協会の分類作業が大した重要性を持たないのと、同じことである。哲学的能力においては〈カントとフレーゲの間には哲学的進歩がなかった〉というアングロ・サクソン的信念を受け入れながら、歴史家としては、シラーやシェリングの関心事を掘り起こすことに喜びを感じる、といったことが、ありうるのである。

しかし、標準リストの形成に対する、歴史的再構成と合理的再構成のこうした理論的独立性が、そのまま実践に持ち込まれることはまれである。合理的再構成を行なう者は、わざわざ二流の哲学者を再構成して、彼らと議論しようなどとは思っていない。歴史的再構成を行なう者は、何らかのもの——もしそれが哲学でなければ、おそらく「ヨーロッパ思想」とか「近代」とかいったもの——の発展に「重要な」役割を果たした人々を、再構成したいと思っている。これら二つの再構成的ジャンルの仕事は、片方の目で標準リストの形成に関する最近の仕事を見やりながら、遂行されるのが常である。この標準リストの形成の仕事こそ、精神史家の特権である。なぜなら、精神史家こそ、尊称的な意味での「哲学」や「哲学的問い」といった言葉を、掌握している人物だからである。それゆえ、精神史家は、〈何が考えるに値するものであるか〉——〈どの問いが現代の「偶然的取り決め」によるものであり、どの問いがわれわれを祖先と繋いでいるものなのか〉——を決定する人物なのである。精神史家は、〈誰が本当に重要なものに「到達」しようとしていたか、誰がその時代の偶発事に惑わされていたにすぎないか〉を決定する人物として、古代世界で賢人が担っていたのと同じ役割を演じる。現代の高度な文化は、人間が避けられないものと考えてきた問いが時の経過とともに変化してきたことに気づくようになったが、ここに、古代世界とわれわれの世界との一つの違いがある。〈どの問いが本当に重要な問いであるかを自分たちは知らないかもしれない〉ということに、古代世界は気づいていなかった。だが、われわれはそれに気づくようになった。例えば、アリストテレスの語彙が、天体物理学の「本当の」主題のための語彙ではなかったように、われわれは、今なお、「本当の」問題のための哲学的語彙を用いずに、仕事をしているのかもしれない――こういった懸念を、われわれは持っている。自分たちの語彙の選択は、所与の語彙の中で提起された問いに対する自分たちの解答と、少なくとも同じだけの重要性を持っている――この感覚こそ、精神史家が哲学者に取って代わることになった原因であ(り、ヘーゲルやニーチェやハイデッガーの場合のように、「哲学」という言葉が、著しく抽象的で自由奔放な知の歴史の名称として使用されるようになった原因であ)る。

この最後の論点をもっと単純化すれば、次のようになる。今日では、〈「哲学的問い」の記述的意味がその語の尊称的意味と大いに関係している〉と確信している者はいない。現代の哲学教授(いずれの学派の人であろうと)が論じている問題は、「必然的」なものなのか、それとも単にわれわれの「偶然的取り決め」の一部でしかないのか――この問いに、まったくの自信を持って答えられる人は、皆無である。さらに、『西洋哲学史』という名の書物が提供する過去の偉大な哲学者の標準リストについて、そこに記載されているすべての者、もしくはほとんどの者が論じている問題——例えば普遍、精神と身体、自由意志、現象と実在、事実と価値など——が、重要な問題であるかどうかを問うたとき、それに対して確信のある答えを出すことができる者は一人もいない。これらのあるもの(ないしすべて)は、「単なる哲学的」なものにすぎないのではないか——こういったことを懸念する声が、時おり哲学の内外で聞かれることがある。この、「単なる哲学的」という言葉は、化学者が用いる「錬金術的」、マルクス主義者の「上部構造的」、貴族主義者の「中産階級」という言葉と同じように、軽蔑的な意味で用いられている。歴史的再構成がわれわれに与えてきた自己認識は、〈知性の面でも道徳の面でもわれわれと同等なある人々が、われわれには避け難い深遠な問いに見えるものに対して関心を寄せなかった〉ということを内容とする。そのような歴史的再構成は、(何らかの記述的意味での)哲学の重要性に疑念を抱かせるもとであるから、今や、精神史家が哲学者をたしなめて、出過ぎたまねをさせないようにするのであって、その逆ではない。精神史家は、歴史的人物からなる配役を決め、劇的な物語を構成することによってこれを行なう。この物語が示すのは、〈われわれは、今自分たちが避け難い深遠な問いと考えているものを、どのようにして問うようになったか〉ということ、これである。そして、これらの登場人物が書き物を残している場合には、それらの書き物が、標準リスト——すなわち、自分の今の在り方を正当化するためには読み通しておかなければならないような書物のリスト——を形成するのである。

哲学史記述の第三のジャンルについて、以上述べたことを要約すれば、次のようになる。そのジャンルは〈どの著述家が「過去の偉大な哲学者」であるか〉を同定する責任を負うジャンルである。この役割において、それは、初めの二つのジャンル——歴史的再構成と合理的再構成——に寄生しており、また、それらを総合するものでもある。それは、合理的再構成や科学史とは違い、時代錯誤に悩まなければならない。なぜなら、それは、〈誰が哲学者であるか〉という問いを、〈現在哲学者とされている人々の実践によって解決されるもの〉とは見なせないからである。だが、それは、歴史的再構成とも異なり、過去の人物の使用した語彙の内に、とどまることができない。それは、その語彙を、一連の語彙の内に「位置づけ」、語彙の変化を辿るある物語の内に位置づけることによって、その重要性を評価しなければならない。それは、合理的再構成の場合と同じ仕方で自己正当化を図るものではあるが、その動機となっているのは、人々を歴史的再構成に従事させるのと同じ、より大きい自己認識への希望である。というのも、精神史が欲しているのは、〈われわれはいまだ途上にある〉という事実——すなわち、〈それが提供する劇的な物語は子孫によって続けられなければならない〉という事実——を、われわれに気づかせ続けることだからである。それが十分自覚的である場合には、〈これまで議論されてきた問題は、すべて、それ以前の時代の「偶然的取り決め」の一部ではなかったか〉という疑念が持たれる。もしそれらのあるものが、本当に、必然的で避けられないものであったとしても、どれがそうであったかをわれわれは確信することができない——この点を、精神史は強調するのである。

三　学説史

これまで記述してきた三つのジャンルは、「哲学史」という言葉が用いられるときにまず心に浮かんでくるジャンルとは、あまり関係がない。そのジャンル——ここでは第四のものということになる——は、最も身近なものであると同時に、最も疑わしいものでもある。私はそれを、「学説史《ドクソグラフィー》」と呼ぼう。このジャンルの例となるのは、タレスやデカルトから始まって、著者とほぼ同時代のある人物に終わるような、しかも、〈伝統的に「哲学者」と呼ばれている様々な人物が伝統的に「哲学的」と呼ばれている諸問題についてどのように言わなければならなかったか〉を確認するような、そういった書物である。人を退屈させ、落胆させるのは、まさしくこのジャンルである。ギルバート・ライルは、プラトンその他に関する自分の思いきった合理的再構成に対し、その言い訳として、「標準的哲学史」の存在は「災いそのものであって、単なる災いの危険性などといったものではない」とそっけなく言ったが(1971 : x)、そのとき彼が念頭に置いていたのがまさしくこれである。その本の読者のほとんどが、彼の言い分に心から賛同したのではあるまいか。『哲学史』と呼ばれる本の内で、最も正直で、最も良心的で、最も徹底したものですら――本当はこういうものこそ――論じられる思想家たちを台無しにしてしまうようである。歴史的再構成の支持者は、テクストが書かれた文脈を詳細に述べる必要性を強調し、合理的再構成の支持者は、「彼らが論じた諸問題に関する今日の最良の仕事」に照らして、過去の偉大な哲学者を見ることを強調するが、それらはいずれも、その災いに対する反応である。どちらの再構成も、誤ってミイラにされてしまった人物を、蘇らせようとする試みなのである。

「ソクラテス以前の哲学者から現代に至るまでの哲学の話」をしようとする大抵の哲学史家は、自分の書物の章立てがおおよそどのようになるかを前もって知っている。災いの埋由はここにある。実際、予想される章のかなりのものが欠落している場合には出版社は原稿を受けとらないということを、彼らは知っている。彼らは、通例、「哲学の主要問題」に関する一九世紀の新カント派の考え――現代の読者がほとんど真剣に受け取らないような考え――に従う場合にしか意味をなさないような、そういった標準リストを持っている。そして、そのリストに従って、仕事をする。その結果、彼らは絶望的な試みを行なうことになった。すなわち、当の哲学史家やその読者がそれらの話題に関心を持っていようといまいと、ライプニッツとヘーゲル、ミルとニーチェ、デカルトとカルナップに、ある共通の話題について語らせようとするのである。

学説史とは、〈ある問題構制をそれとは無関係に作成された標準リストに押しつけようとする試み〉、あるいはその反対に、〈ある標準リストをそれとは無関係に構成された問題構制に押しつけようとする試み〉のことである。以下ではこのような意味で、その言葉を用いることにする。ディオゲネス・ラエルティオスは、予め定められた標準リスト中のすべてのXについて、「Xは善をいかなるものと考えたか」という問いに答えるよう努め、これによって学説史に不評を招いた。また、一九世紀の哲学史家は、別の標準リスト中のすべてのXについて、「Xは認識の本性をいかなるものと考えたか」という問いに答えるよう努め、学説史に一層の不評を招いた。ハイデッガー主義者は、「Xは存在をいかなるものと考えたか」という問いに答えようとし、分析哲学者は、「Xの意味理論はいかなるものであったか」という問いに答えようとするが、これによって状況は一層悪い方向に向かいそうである。しかし、新しい問いを古い標準リストに合わせようとするそうしたぎこちない試みによって、一つ気づかされることがある。それは、新しい学説史は、通常、それまでの学説史の伝統の単調さを払拭しようとする、新鮮で勇敢な修正主義的試みとして出発した、ということである。つまりそれは、哲学の本当の問題構制がついに発見されたという確信に鼓舞された試みとして、出発したのである。したがって、学説史の本当の問題点は、次のところにある。すなわち、それはあらゆるテクストを最近の発見に照らして記述し、それによって、知的進歩の新しい物語を語ろうとするものではあるが、それにしては、どうにも生ぬるい試みである、という点である。なぜ生ぬるいかと言えば、新しい発見に適合するよう標準リストを書き換える勇気が、それにはないからである。

この生ぬるさが繰り返される主な理由は、「哲学」が自然種名だと考えられている点にある。つまり、「哲学」というのは、どの場所でも、どの時代でも、常に変わることなく、同一の深遠かつ根本的な問いにどうにかして到達しようとしてきた、そういった学問の名称だと、考えられているのである。そのため、一度ある人が、ともかくも〈偉大な詩人でも、偉大な科学者でも、偉大な神学者でも、偉大な政治理論家でも、あるいはその他のいずれでもなく、まさしく〉「偉大な哲学者」として同定されてしまうと、その人は、そういった問いを研究している者とされずには済まなくなるのである。[6] 哲学者の新たな世代はどれもみな、〈それらの深遠かつ根本的な問いが本当は何であるかを発見した〉と主張する。そのため、〈偉大な哲学者がそれらを扱っていたと見るにはどうすればよいか〉という問題を、どの世代も解決しなければならない。こうしてわれわれは、〈数世代先になれば、以前のものとまったく同様に災いに見えることにはなるものの、さしあたっては〉すばらしい新たな学説史を得るのである。

哲学は自然種であるというこの考えを捨てるには、一方では、もっと多くのよりよい文脈主義的歴史的再構成が必要であり、他方では、より一層自信を持った精神史が必要である。現在の「偶然的取り決め」によってわれわれがこれこそ本当の問いだと見なしているものは、祖先が問うたものよりよいものであるかもしれず、それと同じである必要はない。このことを、よくよく承知しておく必要がある。それらの問いは、反省的人間なら必ず出会ったに違いないようなものではない。われわれは、先祖が反応したのと同じ刺激に反応しているのではなく、自分たちのために、新たな、一層興味深い刺激を創造したのだと考える必要がある。自らを正当化するには、〈われわれはよりよい問いを問うているのだ〉と主張すべきであって、〈祖先がまずい答え方をした恒久的な「深遠かつ根本的な問い」に対して、よりよい解答を与えるのだ〉と主張すべきではない。哲学の根本的な問いを、〈誰もが本当は問わなければならなかった問い〉、あるいは、〈もし可能であったとしたら、誰もが問うたであろうような問い〉と考えることは可能ではある。しかし、当人が知っていようがいまいが、とにかく誰もが実際にそれを問うていたのだ、と考えることはできない。もしわれわれが、過去の偉大な哲学者と語る機会を得て、哲学の本当の根本的な問いは何であるかを彼らにわからせることができたとしたら、その哲学者は、ある話題について、ある見解を持つことを余儀なくされたであろう。だが、これは、〈彼はその話題に関する「ひそかな」見解を持っていたのであり、それをわれわれは彼の書いたものから掘り出すことができる〉ということではない。過去の偉大な哲学者に関してしばしば興味深く思われるのは、〈その話題について何らかの見解を持たなければならない〉ということをその哲学者は考えさえもしなかった、ということである。このような情報こそ、文脈主義的歴史的再構成の与えるものである。

哲学は自然種ではないという私の主張は、ある通俗的な考えに言及することによって、別の仕方で言い表わすこともできる。その通俗的な考えとは、〈哲学は、個々の学問――もっと一般化すれば、文化の他の諸領域――から投げかけられた、「方法論的」メタ問題や「概念的」メタ問題を扱うものだ〉という考えである。そういった主張は、ある場合にはもっともらしいものではある。つまり、〈(科学や芸術や政治などにおける)古い考えと新しい考えの衝突から生じた問題が、どの時代にもあったのであり、これらの問題は、その時代のより独創的、より好事家的な、より想像力に富む知識人の、関心事であった〉ということを意味する場合には、その通りである。だが、それがある別のことを意味するなら、それはもっともらしさを失うことになる。つまり、もしそれが、〈それらの問題は常に同じ話題――例えば、認識、実在、真理、意味、善など、時代の差異をぼかしてしまうほど輪郭の曖昧な、抽象物の本性――に関するものである〉ということを意味するなら、その通りだとは言えないことになる。このような哲学の考え方は、次のような仕方でパロディー化することができる。動物の研究が始まった頃、「第一生物学」と「第二生物学」の区別が、アリストテレスの「第一哲学」と「自然学」の区別に類するものとして、確立されるに至ったと想像してみよう。この考え方によれば、他のものと比べ、大きくて目につく、印象的・範型的な動物が、ある特殊な学問(第一生物学)の関心事であった。そして、にしき蛇と熊とライオンと鷲と駝鳥と鯨とに共通する特徴について、理論が展開された。そのような理論――これは、ある適度にぼやけた抽象物の助けを借りて定式化されたものであるが――は、かなり手際のよい、興味深いものであった。だが、人々は、「第一動物」の標準リストにはめ込まなければならない別の動物を、次から次へと連れてきた。スマトラの巨大な鼠、ブラジルの巨大な蝶、それに(それらよりももっと問題のある)一角獣のことを、考慮しなければならなくなった。第一生物学の理論が十全であるかどうかの基準は、標準リストが拡張されるにつれて次第に曖昧になった。それから、モアとマンモスの骨が持ち込まれ、事態は一層複雑になった。最後には、第二生物学者が試験管で新しい形の生命を生み出すのに習熟し、自分が作った巨大な新生物を、階上で仕事をしている第一生物学者のところへ連れていき、狼狽した第一生物学者に、これはリストのどこに入るのかと問い糺して、喜ぶようになった。第一生物学者は、標準リストに入るべきこれらの新しい動物が扱えるような理論を、案出しようと努力したが、その困った顔を見て、自律的な学問としての第一生物学を、人々は軽蔑するようになった。

私が引き出したいと思っているのは、「第一生物学」と「哲学史」、「第二生物学」と「知の歴史」の類比である。より広範な知識人の歴史から切り離された哲学史に、何らかの意味があるのは、せいぜいそれが一、二世紀を覆う場合——例えばそれが、デカルトからカントへの歩みを語る場合——だけである。デカルト的主観性が展開されて超越論哲学になるというヘーゲルの話や、表象主義的認識論の背理に至る過程を扱うジルソンの話は、より広い文脈を無視するがゆえに構築できる、興味深い物語の例である。これらは、およそ一七五年間に亙って現われる、一〇人ほどの目立った印象的な人物(デカルト、ホッブズ、マールブランシュ、ロック、コンディヤック、ライプニッツ、ヴォルフ、バークリー、ヒューム、カント——これに、哲学史家の裁量により、いくつかの名前を加えたり引いたりする)を取り上げ、彼らの類似点と相違点とを書き記すものであるが、そのやり方には、ほかにももっともらしい興味深いものがたくさんあって、それらはその内の二つにすぎない。しかも、ヘーゲル自身をそのような話の最後に加えたり、ベーコンやラムスを初めの所に加えたりしようとすると、かなり違った形で話を展開せざるをえなくなる。プラトンやアリストテレスを加えようとすると、それには——プフトンの対話篇やアリストテレスの論文のいずれを「基本的」と考えるかによって——非常に多くのやり方があり、そのため、競合する話がいくらでも増えていく。また、プラトンやアリストテレスは、大変な大物で、非常に印象深い人物である。したがって、もともとホッブズやバークリーのような人物向けに作られた言葉で彼らを記述するのは、少し奇妙に見えてくる。さらに、アウグスティヌスやアクィナスやオッカムを、哲学者として扱うべきか、それとも神学者として扱うべきかといった問題も、生じてくる。老子やシャンカラなど、異国の類例が引き起こす問題については言うまでもない。もっと悪いことに、これらの人々をみな古い見出しの下に組み入れるにはどうしたらよいかと哲学史家が悩んでいる間に、意地悪な知識人は、新しい知的合成物を作り、これを「哲学」と呼ばずに済ませられるものならそうしてみろと、哲学史家に挑み続けるのである。先に言及した人々のすべてもしくはほとんどを、G・E・ムーア、ソール・クリプキ、ジル・ドゥルーズと結びつけるような話が必要になると、哲学史家はほとんど諦めの状態で、事にあたらざるをえなくなる。

彼らは諦めるべきなのである。タレスから始まって、例えばウィトゲンシュタインに終わるような、『哲学史』なる書物を書こうとするのを、彼らはまったくやめてしまうべきなのである。そのような書物には、例えば、プロティノスやコントやキルケゴールを論じないことに対する、どうしようもなくわざとらしい言い訳が、散在している。彼らは、その書物に収められることになった偉大な哲学者のすべてを貫いている、いくつかの「持続する関心事」を見出そうと、勇敢な試みを行なう。しかし、最も目立った割愛できない人物でさえ、それらの関心事のあるものを論じていないとか、どれかの関心事が誰の心にも留まらなかったように思われる膨大な不毛の時間があったとかいったことに、彼らは絶えず困惑する(彼らは、例えば、「一六世紀の認識論」や「一二世紀の道徳哲学」や「一八世紀の論理学」という見出しの章がなかったり、あるとしても貧弱であったりすれば、悩まなければならないことになる）。精神史的な知の歴史家たち――広い範囲を覆いつつ自己正当化を図るような大きな物語の書き手たち――が、しばしばヴィンデルバントとラッセルに共通するような類いの学説史を軽蔑するのは、もっともなことである。また、分析哲学者とハイデッガー主義者が――それぞれ別のやり方で――哲学史の新たな在り方を見出そうと努めるのも、驚くにはあたらない。「哲学の」歴史を書くことによって［ちょうどミルクからクリームをすくい取るように］知の歴史の一番いいところを取ろうとする試みは、動物界の一番いいところを取ろうとする先述の架空の「第一生物学者」の試みと同じ運命を背負わされている。底で回っている混合物のある基本成分は自然に浮上してくるものだと、どちらの試みも決めてかかっているのである。

このクリームすくいのイメージは、ある対比を前提している。それは、〈「哲学」と呼ばれるもの――その種のものの専門家が行なう、恒久的で持続的な話題に関する知識の追求――の、より高度で、より純粋な歴史〉、それに、〈せいぜい文学者や政治活動家や僧侶でしかなかったような人々の間に見られる、意見のおもしろい変化を、年代順に記録したものとしての「知の歴史」〉、これら二つのものの間の対比である。このイメージとこのひそかな対比とを疑問視すると、〈哲学は、知識の追求ではなく、（初心者が言いたがるように）「意見を提出するものでしかない」〉という示唆に対して、しばしば怒りが向けられる。そうでなければ、この同じ怒りは、次のような形で表明される。すなわち、〈伝統的対比を放棄すれば、哲学を(「論理学」ではなく)「修辞学」に、あるいは(「論証」ではなく)「説得」に、還元してしまうことになるであろう〉というのがそれである。専門学科としての哲学の自己イメージは、今なお、その疑似科学的性格に依存しているので、クリームすくいのイメージの背後にある前提を批判することは、単に、哲学史と呼ばれる哲学の一部門に対する挑戦としてではなく、哲学そのものに対する挑戦として受け取られるのである。

クリームすくいのイメージを避けながら、しかもその怒りを和らげるには、知識と意見の区別に関するある社会学的見解を、採用すればよい。その見解によれば、あることが意見の問題であるということは、〈その話題に関する現在の合意を逸脱しても、当該共同体の構成員でいられる〉ということにほかならない。それが知識だということは、〈合意を逸脱すると、当該共同体の構成員ではいられない〉ということである。例えばアメリカでは、誰に投票するかは「意見の問題」であるが、政府は新聞を検閲してはならないということは、知識に属する。思慮深いロシア人は、そのような検閲が必要だという知識を持っているが、そう考えない者を強制労働収容所に送るか保護収容所に送るかは、意見の問題だと見なしている。これら二つの共同体は、一般に知識と主張されているものを知識と認めないような人々に対しては、構成員としての資格を与えない。同じように、実在的本質の存在や神の存在は哲学部(科)の中では「意見の問題」

とされるが、それは、〈この点に関して見解を異にする人々が、その見解の違いにも関わらず、例えば同じ機関から補助金を受けたり、同じ機関に雇われたり、同じ学生に学位を与えたりすることができる〉ということを意味している。これとは対照的に、惑星に関するプトレマイオスの意見や、種の起源に関するウィリアム・ジェニングズ・ブライアンの意見を受け入れる人々は、名望のある天文学部(科)や生物学部(科)からは、締め出されてしまう。なぜなら、それらの学部(学科)の構成員であるためには、これらの意見が偽であることを知っていなければならないからである。それゆえ、「哲学的知識」という言葉の使用を正当化するには、ある自覚的な哲学者共同体を指摘するだけでよく、その共同体に入るためには、ある主張(例えば、実在的本質、不可侵の人権、神、といったものが、存在するとかしないとかいった主張)に同意しなければならない。その共同体の内部では、〈何を既知の前提とするか、いかなる知識をさらに追求すべきか〉といったことについて、合意を見るであろう。それは、生物学部(科)や天文学部(科)の中で、そうした合意が見出されるのと、何ら異なるものではない。

だが、そうした共同体の存在は、〈その共同体をアリストテレス、プロティノス、デカルト、カント、ムーア、クリプキ、ドゥルーズと繋いでいるものがあるかどうか〉という問いとは、まったく無関係である。そうした共同体は、予め確定された過去の偉大な哲学者の標準リストに関わりなく、それ自身の知的先達を自由に捜し出せるものでなければならない。それらはまた、いかなる先達もいないと自由に主張できるものでなければならない。以前に誰が何を「哲学」と呼ぼうと、それとは関わりなく、過去の好みの部分を選び出して、それを「哲学史」と呼んだり、過去をまったく無視したりすること――こういったことが自由にできるのだと、感じられるものでなければならない。したがって、(例えば、アメリカ哲学会とか、マインド協会とか、ドイツ哲学会とかの)他の全構成員と自分とを結びつけている共通の関心を見出そうとするのではなく、それを見出す試みを進んで放棄するなら(その試みを放棄するのは気が進まないということになれば、多少気が変だということにならざるを得ないであろうが)、お決まりの章立てで『哲学史』を書こうとするのを自由にやめることができる。その場合には、別の標準リストを作る他人の権利を尊重する限り、自由に新しい標準リストを作ることができる。ライヒェンバッハのように、ヘーゲルを傍らに追いやってしまうような人々は、歓迎されなければならない。アリストテレスを〈力量不足の生物学者〉として、バークリーを〈常軌を逸した司教〉として、フレーゲを〈正当化されない認識論的主張を持った、独創的な論理学者〉として、あるいは、ムーアを〈専門家がしていることをあまり理解できなかった魅力的な素人〉として、無視したいと思っている人々、こういった人々は、激励されてしかるべきなのである。われわれは、彼らにそれをやってみるよう促し、〈これらの人々が除外され、あまり知られていない人々が取り込まれた場合に、どのような話をすることができるか〉を考えてみるよう、励まさなければならない。学説史を避けることは、標準リストをそういった仕方で試しに変更してみることによってのみ可能となる。そのような変更こそ、精神史が可能にし、学説史が妨げるものにほかならない。

四　知の歴史

以上で私は四つのジャンルを区別し、それらの一つを、しぼませ、なくしてしまうことを提案した。残りの三つは、なくてはならないものであり、互いに競合するものではない。合理的再構成は、われわれ現代の哲学者が自分の問題を考え抜くのに必要である。歴史的再構成は、これらの問題が祖先には見えていなかったことを明らかにし、それによって、それらが歴史の産物であることを思い出させるのに、必要である。精神史は、〈それらの問題に気づいたという点で、われわれは祖先よりもよい状態にある〉ということを正当化するのに必要である。もちろん、どのような哲学史の本も、これら三つのジャンルが混じり合っているであろう。しかし、通常は、いずれかの動機が優勢である。なぜなら、達成されなければならない仕事は三つあり、それらはそれぞれに別個だからである。これらの仕事が別個のものであるということは重要なことであり、それらは別個なままに維持されなければならない。合理的再構成のきびきびしたホイッグ主義と、文脈主義者の媒介された皮肉な感情移入との間の緊張――つまり、手許の仕事をはかどらせる必要性と、その仕事をも含めてあらゆることを、これまた偶然的取り決めと見る必要性との間の緊張——こそが、精神史の必要性——この第三のジャンルが与える自己正当化の必要性——を生ぜしめる。しかし、そうした正当化はみな、自己満足に陥った新たな一群の学説史が最後に現われることを保証している。そして、それに飽き飽きしたとき、その間に生じた新たな哲学的問題構制に支えられて、新たな合理的再構成が生まれてくるであろう。こうして、これら三つのジャンルは、ヘーゲルの標準的な弁証法的三つ組の、すばらしい事例を形成するのである。

私は、もっと豊かな、もっと広範なジャンルを表わすのに、「知の歴史」という言葉を用いたいと思う。それは、この三つ組の外部にあるジャンルである。私の用法では、知の歴史は、ある時代に知識人がなしえたことに関する記述と、彼らと社会の他の部分との間の相互作用に関する記述——つまり、大抵の場合、〈どの知識人がどういう種類の活動を行なっていたか〉という問いを括弧に入れるような記述——から成る。知の歴史は、ある学問の歴史を書くには解決されていなければならないようなある問題を、無視することができる。それは、つまり、どの人が科学者であるか、どの人が詩人であるか、どの人が哲学者であるか、といった問題である。私が念頭においている記述は、「一五世紀のボローニャの知的生活」のような表題の論文に、出てくるであろう。それはまた、政治史、社会史、経済史、外交史に関する書物の、ところどころの章や段落に見られ、（以上に区別した四つのジャンルのいずれかに属する）哲学史にも散見されるであろう。そうした論文や章や段落は、ある時空領域に関心を持つ人がこれを読んでよく考えるとき、その領域に属する知識がいかなるものであったか——どのような種類の本を読み、どのような種類の事柄に頭を悩ませ、どのような語彙、希望、友人、敵、経歴を選択したか——を、わからせてくれるのである。

そうした領域では、若くて知的好奇心に富む人は、どのような生き方をしていたか。このことを理解するためには、学問の歴史だけでなく、社会や政治や経済の歴史についても、多くのことを知らなければならない。E・P・トムソンの『イギリス労働者階級の形成過程』（一九六三）のような本は、鉱夫や織工の、賃金や生活条件、政治家の戦術ばかりでなく、ペインやコベットに与えられた発言の機会やその聴衆について、多くのことを語っている。ノーマン・フィアリングの『一七世紀ハーバードの道徳哲学』（一九八一）のような本は、その当時、どのような種類の知識人がハーバードにいられたかについて、多くのことを語ってくれる。フィアリングの本には、ハーバードの学長やマサチューセッツの政治家の伝記が多く盛り込まれていて、これらの地位に就く可能性がどう変化したかがわかるようになっている。トムソンの本には、ベンタムとメルボーンの伝記が多く盛り込まれていて、別の可能性がどのように変化したかが示されている。そのような本や段落は、全体として、〈時代や場所が違うと、知識人に開かれていた選択肢がどう違っていたか〉がわかるような仕方で、読む人の心に入ってくるのである。

過去の偉大な哲学者の標準リストには入っていないが、〈哲学教授という地位についたために、あるいは「哲学者」と呼ぶ以外にいい呼び方がないために〉しばしば「哲学者」と呼ばれている、多大な影響力を持った人々は、少なくない。例えば、エリウゲナ、ブルーノ、ラムス、メルセンヌ、ヴォルフ、ディドロ、クーザン、ショーペンハウアー、ハミルトン、マコッシュ、ベルクソン、オースティンといった人々が、そうである。私は、こういった人々に関する本も、「知の歴史」に含めたいと思う。これら「マイナーな人物」に関する議論は、しばしば、制度的取り決めと専門母型とに関する詳しい記述と一つになっている。なぜなら、そういった本は、〈これらの偉大ではない哲学者、ないし、疑似哲学者たちが、当時の保証つきの偉大な哲学者たちよりももっと真剣に受け取られるべきであったのはなぜか〉という問題を、他の問題とともに提起するからである。それから、普通「哲学者」とは呼ばれていないが、少なくとも哲学者の境界事例ではあるような人々の、思想と影響に関する本がある。これらの人々は、一般に哲学者に期待されている仕事——つまり、社会改革を推進したり、道徳的問題を考えるための新たな語彙を提供したり、科学的、文学的諸学問を新たな方向に転換させたりすること——を、実際に行なった。例えば、パラケルスス、モンテーニュ、グロティウス、ベーユ、レッシング、ペイン、コールリッジ、アレクサンダー・フォン・フンボルト、エマソン、T・H・ハクスリー、マシュー・アーノルド、ウェーバー、フロイト、フランツ・ボーアズ、ウォルター・リップマン、D・H・ローレンス、T・S・クーンがそうである。フーコーの本の脚注に出てくるあまり知られていない人々(例えば警察学(Polizeiwissenschaft)の哲学的基礎について影響力のある論文を書いた人々)が、それに属することは、言うまでもない。もしわれわれが、一六世紀のドイツの学者、一八世紀のアメリカの政治思想家、一九世紀末のフランスの科学者、二〇世紀初めのイギリスのジャーナリストがどのようなものであったかを理解しようと思うなら――そういった時代や場所の高度な文化の一翼を担うことを望んだ若い人々が、どのような問題や誘惑やディレンマに直面したかを知ろうと思うなら――われわれは、このような人々のことを、知らなければならない。もし彼らのかなりのものについて、十分な知識が得られたなら、ヨーロッパの対話に関する、詳細な、説得力のある話をすることができる。この話は、デカルトやヒュームやカントやヘーゲルについては、ついでに言及する程度のことしかしないであろう。

ひとたび、精神史の〈嶺から嶺への跳躍〉のレヴェルから知の歴史の現実へと飛び降りると、過去の偉大な哲学者と偉大でない哲学者との違い、「哲学」の明確な事例と境界事例との違い、哲学と文学と政治と宗教と社会科学との違いは、次第に重要性を失う。ウェーバーは社会学者か哲学者か、アーノルドは文芸批評家か哲学者か、フロイトは心理学者か哲学者か、リップマンは哲学者かジャーナリストか——こういった問題は、ロバート・フラッドを哲学者でないとするならフランシス・ベーコンは哲学者に含められるかという問題と同じように、われわれが自分の知の歴史を書く以前にではなく、むしろそれを書いたあとで、初めて解決されるべきものである。これらの境界事例を「哲学」のより明確な事例と結びつけるような興味深い系統立ての仕方は、現われるかもしれないし、現われないかもしれない。そして、そのような系統立てを基盤として、われわれは、自分たちの分類法を調整するであろう。さらに、哲学の新たな範型事例は、そうした系統立てを行なうための新たな言葉を生み出す。知の歴史の新たな説明は、現在の展開との間で相互作用を行なって、「哲学者」のリストを絶えず調整し直し、最後には、こういった調整のし直しが、過去の偉大な哲学者の新たな標準リストを生み出すのである。他のものの歴史と同じように、哲学史もまた勝者によって書かれる。勝者は、〈とてつもなく多様な彼らの祖先の中から、誰に言及し、誰の伝記を書き、誰を子孫に推奨するかを決める〉という意味で、彼らの祖先を選択するのである。

「哲学」が尊称的用法を持つ限り、誰が「哲学者」と見なされるかが問題となるであろう。それゆえ、うまくことが運ぶなら、高度な文化の現在の諸要求に見合うように、哲学の標準リストは常に改訂されることになるであろう。もしうまくことが運ばなければ、ある標準リスト——数十年たつ内に、次第に奇妙でわざとらしく見えてくるであろうような標準リスト——が、頑迷に恒久化されることになるであろう。私が提示したい見取図によれば、知の歴史は、哲学史記述の、生《なま》の材料である。別の比喩を用いるなら、それは、様々な哲学史を成長させる大地である。先に素描したヘーゲル的三つ組が可能となるのは、われわれが、一方の目を、現在の諸要求と、修正主義的な知の歴史家たちの最近の書き物とに向けて、哲学の標準リストを作成した場合だけである。他方、学説史――すなわち、〈知の歴史家たちが記述するあらゆる時空的まとまりの中に、それを貫いて走っている哲学的鉱脈を見出す〉と称するジャンル――は、知の歴史の現在の展開に対して、相対的に独立している。その源は、過去にある。すなわち、それが大事に抱え込んでいる標準リストは、乗り超えられた文化的諸要求と時代遅れの知の歴史とが結びつくことによって生み出されたのであり、こうした忘れられた結びつきこそが、その源となっているのである。

しかし、(哲学や他のものの)標準リストを再形成するよう鼓舞するというこの役割は、知の歴史の唯一の効用ではない。それは、歴史的再構成が合理的再構成に対して演じるのと同じ弁証法的役割を、精神史に対して演じるという、別の効用も持っている。先述のように、歴史的再構成は、有名な哲学者たちの頭を悩ませた、奇妙な小さな論争問題のすべてを思い出させる。それは、われわれ現代人がどうにかしてより明確に焦点を合わせようとして努力してきた「本物の」「持続する」諸問題から、彼らの注意をそらせた問題のことである。歴史的再構成は、それらを思い出させることによって、〈われわれはそれほどまでに明晰なのか〉、〈われわれの問題はそれほどまでに本物なのか〉ということについて、健全な懐疑論を引き起こす。それと同じように、オングがラムスについて、イェーツがラルについて、フィアリングがマザーについて、ヴァルトフスキーがフォイエルバッハについて、それぞれ述べたようなことは、われわれが再構成に時を費やしている過去の偉大な哲学者たちについて、あることを思い出させる。それは、彼らは多くの場合、われわれが考えたこともない多くの人々ほどには、影響力を持っていなかった――彼らの世代と以後の数世代の対話にとって、それほど中心的役割を果たさなかった――ということである。また、それらは、今の標準リストに載っている人々が、以前思われていたほど独創的な人でも傑出した人でもないということをも、示してくれる。彼らは、山の嶺というよりは、絶滅した型質を反復している標本のように見えてくる。それゆえ、歴史的再構成が合理的再構成の誠実さを保つように機能するのと同じように、知の歴史は精神史の誠実さを保つように働くのである。

ここで言う誠実さとは、自己正当化を行なうわれわれの対話の相手となる者が、歴史的人物でも、理想的再教育を受けた歴史的人物でさえもなく、むしろ、われわれ自身の空想の産物であるような、そういった可能性を、心に留めておくことである。精神史を書こうとする人々は、そういった可能性を認める必要がある。なぜなら、彼らは、自分自身の章立てが学説史のそれに影響されすぎていないかどうかを、よくよく考えてみる必要があるからである。特に、哲学教授がそういった自己正当化の企てに着手するのは、通常、様々な過去の偉大な哲学者たち――受講生が受けるべき試験の要目の内に（その教授が自分で作ったのではなくて、先人から受け継いだ可能性が高い要目の内に）名前が出てくる人々――に関する講義を、数十年行なった後である。彼が、これらの多くの原稿を綴じ合わせ、そうして、〈同じ古い嶺の間を跳躍し、例えば三世紀や一五世紀の哲学上の平地を黙って通り過ぎる〉というやり方で精神史を書くのは、自然なことである。この種のことは、ハイデッガーの試みのような極端なケースに至る。彼の試みは、今世紀初めのドイツの大学で哲学博士号取得試験に取り上げられたテクストについて、それを論評することにより、「存在の歴史」を書こうとしたものであった。人々は、ハイデッガーの上演するドラマのとりこになった後で、存在が要目にそれほど忠実なのはおかしいと、思うようになるかもしれない。

ラッセルが要目を変更してすべてがフレーゲとラッセルに至るようにしたのと同じように、ハイデッガーの信奉者たちは、要目を変更して、すべてがニーチェとハイデッガーに至るようにした。精神史は、学説史がやらないような仕方で、標準リストを変えることができる。しかし、標準リストのそうした不公平な改訂は、〈フレーゲをそれほど重要に思うのは、カントの認識論から過度に感銘を受けた人々だけであろう〉という事実同様、〈ニーチェをそれほど重要に思うのは、カントの倫理学から過度に感銘を受けた人々だけであろう〉という事実を、際立たせはする。けれども、そうした改訂も、そもそもカントがそれほど重要になったのはどうしてかという問いに対しては、明確な解答を与えてはくれない。われわれは学生たちに、彼ら自身の哲学的思惟は、カントをめぐってではなく、むしろカントを通してなされなければならないということを、説明しようとしがちである。だが、その場合、われわれが言おうとしているのは、カントの本を読んでいなければわれわれの本は理解できない、ということでしかないのではあるまいか。もし、われわれが、知の歴史に見出される詳細な込み入った物語を読み、それによって初めて可能となるような仕方で哲学の標準リストから手を引いてしまうなら、われわれ現代の哲学者が行なっていることを理解することが、学生たちにとってそれほど重要なことであるかどうかを、問うことができる。この誠実な自己懐疑こそが、まったく新しい精神史を書く動機と勇気とを、人々に与える。そうした類いの精神史の例としては、「われわれがヒュームと呼んでいる人物」への有名な言及を含んでいる、フーコーの『言葉と物』がある。

フーコー主義者は、それを精神史として扱うことに反対するかもしれない。しかし、私の議論にとっては、それを例えば、ヘーゲルやブルーメンベルクの歴史書と一纏めにすることが、重要なのである。フーコーは、物質性と偶然性とを主張し、ヘーゲルの話の精神的・弁証法的性格に意識的に反対する。だが、それにもかかわらず、ヘーゲルの話と彼自身の話には、多くの類似点がある。どちらの話も、学説史が避ける問い――つまり、以前のあれやこれやの人々と比べて、われわれはどの点で優れており、どの点で劣っているかという問い――に答えることを、可能にする。どちらの話も、ある叙事詩――すなわち、近代ヨーロッパの叙事詩――の内に、われわれの位置を指定する(但し、フーコーの場合には、いかなる運命も支配しないような叙事詩ではあるが)。フーコーの話は、ヘーゲルのそれと同じように、ある教訓を持っている。フーコーも彼の読者も、その教訓を定式化するのに骨を折る。だが、そのことなら、ヘーゲルとその読者の場合でも、同じだったではないか。ヘーゲルは、様々な哲学者を、各々の時代の聖職者や専制君主がしていたことと結びつけた。それと同じように、フーコーは「われわれがヒュームと呼んでいる人物」を、当時の医者や警察のなしえたことと結びつける。物質的なものを精神的なものの下に包摂しようとするヘーゲルの営みも、真理を権力から説明しようとするフーコーの営みも、同じ仕事を果たそうとしている。つまり、どちらも、われわれがどうしても信じなければならないことを、われわれ知識人に納得させようとしているのである。そのどうしても信じなければならないこととは、〈各時代の高度な文化は、単にその場限りのものではなく、むしろ、絶えることなく続いている、あるものの表現である〉ということである。

私がこの点を強調するのは、次のような理由からである。すなわち、自然種としての哲学という考え方、それに、知の歴史と哲学史との関係に関する〈クリームすくいモデル〉に対して、私は疑念を表明したが、フーコーの例とこれらの疑念とが一緒になると、〈学説史が消滅するなら精神史とて同じである〉ということが示唆されるかもしれないからである。フーコーを賛美する多くの人々には、〈どのように嶺々が互いを見る(die Gipfel sehen einander)かを、もう説明する必要はない〉と考える傾向がある。実際、人はもっと進んで、〈「哲学史の記述法」という観念そのものが、役に立たなくなっている——なぜなら、大雑把に言って、「哲学」の尊称的用法がその効用を失っているのだから〉ということを、示唆したいという思いにかられるかもしれない。(哲学、文学、科学などの)標準リストに用心した、複雑で込み入った知の歴史があれば、それで十分ではないだろうか。「哲学」という名で通っている学問を遂行する必要がないように、「哲学」と呼ばれる特殊なものの歴史も、不必要なのではあるまいか。神や実在的本質やそれらに取って代わるものが存在しないと本当に信じるなら——フーコーに従って整合的な唯物論や唯名論を奉じるなら——物事をかきまぜる気をなくして、クリームをミルクから分離する方法、概念的、哲学的なものを経験的、歴史的なものと区別する方法を、まったく捨ててしまうのではあるまいか。(7)

私もそれなりに唯物論者であり、唯名論者であるから、このような考え方には確かに共感を覚える。しかし、精神史の素人としては、それに抵抗したいと思う。まったく奇妙なものになってしまった標準リストを放棄することに対しては、双手を挙げて賛成する。だが、標準リストなしにやっていけるとは思えない。なぜなら、われわれは、英雄なしにはやっていけないからである。われわれには、見上げるべき山の嶺が必要である。過去の偉大な人々にまさろうという希望を具体化するためには、彼らに関する詳しい話を、自分自身に語って聞かせる必要がある。またわれわれには、尊称的な意味での「哲学」なるものが存在するという考え――常に誰もが問うていなければならなかったような問いがあり、それを提起する分別さえあれば、われわれもそれを問うことができるという考え――も、必要である。われわれは、この考えを放棄することができない。それを放棄するなら、〈ヨーロッパ史の以前の各時代の知識人たちが、ある共同体――その構成員であることがよいことであるような共同体――を形成している〉という考えをも、放棄することになる。もし、このような自分たちのイメージに固執すべきであるとすれば、過去の人々と架空の対話を行なうとともに、彼らよりも遠くを見たという確信を持たなければならない。これは、〈われわれには精神史――つまり、自己正当化的対話――が必要だ〉ということを意味する。それと競合するのは、かつてフーコーが輪郭を示したものの、結局は放棄してしまった（そうであってくれればよいが）ような試み――つまり、いかなる顔も持たないようにする試み、言い換えれば、ベケットに登場する、自己正当化と対話のやりとりとりと希望とを放棄した人々のように、文脈のない匿名性を装うことによってヨーロッパ知識人の共同体を乗り超えようとする試み――である。そのような試みを本当になそうと思うなら、もちろん、真っ先に精神史を放棄しなければならない。私がフーコーに帰しているような、唯物論的、唯名論的な、魔法を解かれた精神史(entzauberte Geistesgeschichte)でさえも、われわれは放棄しなければならない。だが、われわれはこのような試みをなそうとは思わず、むしろ、過去の人々との対話を、より豊かな、より充実したものにしようと望んでいる。私のこれまでの叙述は、このことを前提していたのである。

この前提によれば、必要なのは、哲学史を次のように見ることである。すなわち、われわれが当然問うていなければならない問いを、見事なやり方で問おうとしたが、概して成功するには至らなかったような、そういった人々の話として、それを見ることである。これらの人々は、標準リスト――つまり、どの問いが尊称的な意味で「哲学的」な問いなのかを明らかにしようとする前に、読んでおくよう勧められるべき、著述家のリスト――の候補者となるであろう。言うまでもないが、候補者は、現代哲学者のあれこれのグループが持っている関心事を、共有しているかもしれないし、またそうでないかもしれない。他の候補者の書いたものをみな読んで、自分自身の標準リストを確立するまでは――つまり、自分自身の精神史を語るまでは――それが候補者の落ち度なのか、そのグループの落ち度なのかは、わからないであろう。どの問いが哲学的で、誰が哲学者と見なされるべきかといったことに頓着しないような知の歴史を、より多く得ることができれば、それだけ、標準リストの候補者の適当な長さのリストを手にする機会に恵まれることになる。受け入れる標準リストが多様であれば――競合する精神史を多く手にすれば――興味深い思想家を(先ず合理的に、それから歴史的に)再構成する可能性も多くなる。この競合の度合が強くなるに従って、学説史を書く傾向は弱くなるであろう。これはまったく結構なことである。その競合がなくなることはありそうにないが、それが続く限り、熱のこもった対話のみが可能にするあの共同体の感覚は、失われることがないであろう。(8)

注

(1)　マイケル・エヤーズは、そういった試みを酷評している。彼はまた、〈形而上学や論理学や認識論の諸観念は、ユークリッドの数学的諸観念同様、「歴史の偶発事に対する独立性」を有している〉という考えに対し、これを「錯覚」だと主張している(Ayers 1978 : 46)。だが、ここに述べた理由から、私は彼に同意できない。私は、エヤーズが彼の論文の五四頁で引用したジョナサン・ベネットの主張に同意する。すなわち、「カントの問題は何であったか。その内のいずれが今なお問題なのか。カントはその解決にどう寄与するのか。われわれがカントを理解しているかどうかは、こういったことを、明確に、現代の言葉で言うことができるかどうかにかかっている。」これに対して、エヤーズの回答はこうである――「自然に解釈すれば、[ベネットの]この言明は、次のことを含意している。すなわち、もし〈哲学者を彼自身の言葉で理解する〉ということが、〈彼の思想をわれわれ自身の言いたいことと関係づける〉という困難な仕事とは別個の、しかもそういった仕事に先立つようなものであるとすれば、そういったものはありえない、ということを。」私は、ベネットに与して、次のように応じるであろう。哲学者の思想をわれわれの思想と関係づける前に、彼の言っていることを彼自身の言葉で理解することができるということは、確かに言えなくはない。だが、この最小限の理解は、人が言っていることを自分の母国語に翻訳できなくても、外国語で儀礼的なやりとりを行なうことができるのと、同じようなものである。同様に、人は、ギリシア語で表わされたユークリッドの数学的定理を、現代数学の特殊用語にどのように翻訳するかを学ぶ前に、それらを証明することを学ぶかもしれない。もし、「理解」が、要点のわからない儀式に従事すること以上のことを意味すべきであるなら、翻訳は不可欠であり、発話を翻訳するということは、われわれの実践に、それをうまく組み込むことである（以下の注(3)を見よ）。歴史的再構成をうまくなしうるのは、論じられている問題について、自らの見解を持っている人だけである。たとえそれが、〈それらは疑似問題である〉ということだけであるにしても。この点に関して無私であるような歴史的再構成の試み（例えばスピノザに関するウルフソンの本）は、再構成ではなく、むしろ、そうした再構成の材料を、寄せ集めたにすぎない。それゆえ、「ロック自身の語法を棚上げにして自分自身の理論の語法を用いるのではなく、彼が行なうような仕方で思考と感覚とを関係づけ、それによって、彼の目的を理解するよう、試みるべきである」と、エヤーズは六一頁で言っているが、私なら、〈前者の作業をかなりやっておかなければ、後者の作業はあまり遂行できない〉と主張するであろう。もし、〈われわれポスト・ウィトゲンシュタイン的な心の哲学者の多くがそうであるように、〉「思考」や「感覚」のような心的機能が存在することを信じないなら、〈ロックがそれらの言葉をどう用いるか〉を理解しようと彼の本を読み進める前に、〈彼の言葉の同義語として何を考えればよいか〉を判断するのに、時間をとらなければならなくなるであろう。これは、われわれ無神論者が、道徳神学の著作を読むときにしなければならないのと、同じ種類のことである。一般的に言えば、〈歴史的再構成を先に行ない、合理的再構成を後回しにできる〉というエヤーズの示唆は、「われわれの言葉」と「彼の言葉」の対立を、誇張しすぎているのである。それら二つのジャンルは、決してそれほど独立的ではありえない。なぜなら、過去の人々がどれほど多くの真理を知っていたかが明らかにならなければ、彼らが何を言わんとしていたか［何を意味していたか］が、ほとんどわからないからである。これら二つの話題は、解釈学的循環——どちらの再構成を始めるためにも、その前に、かなりの回数に亘って回っておく必要のある循環——という持続的運動の、契機と見なされるべきものである。

(2)　この区別については、Hirsch 1976 : 2 ff. を見よ。先ず意味を見出さなければ意義を見出す作業は始められないと、ハーシュは主張する。このエヤーズ的なハーシュの主張に、私は同意しない。それは、注(1)でエヤーズに同意しない理由として挙げたのと同じ、デイヴィドソン的な理由からである。

(3)　人の言語的実践や他の実践が、われわれのそれとどのように似ており、またどのように違っているかを知る前に、あるいは、〈その人の大抵の信念は真である〉という寛大な前提とは独立に、その人が何を言おうとしているか［何を意味しているか］を知ることは、われわれにはできない。このような、注(1)、(2)での私の主張を擁護してくれるものとして、*Inquiries into Truth and Interpretation* (1984)所収のドナルド・デイヴィドソンの諸論文を、参照されたい。歴史的再構成は当然合理的再構成に先立つというエヤーズの前提や、意味の発見は当然意義の発見に先立つというハーシュの前提は、私には、解釈に関する、十分に全体論的ではない説明に、基づいているように見える。解釈の全体論的な説明については、別のところで擁護したことがある(例えば、本書第VI論文「プラグマティズム・デイヴィドソン・真理」を見よ)。

(4)　ハイデッガーについては、Heidegger 1973 と、彼の後期著作によるその補完のことを、念頭においている。ライヒェンバッハについては、*The Rise of Scientific Philosophy*(偏見と混乱の中から哲学がどのようにして次第に姿を現わしたか、ということに関する実証主義的な話の中で、最も包括的なもの)を、Rorty 1982 : 211 ff. で論じたことがある。フーコーについては、彼の *The Order of Things*[『言葉と物』の英語版]を、本論文第四節で、精神史の例として論じる。ブルーメンベルクとマッキンタイヤーについては、それぞれ *The Legitimacy of the Modern Age* と *After Virtue* を、念頭に置いている。これらは自己正当化の書物である、と私が言うとき、もちろん私は、それらが現状を正当化するものであるということを、言おうとしているのではない。むしろ、現状に対する著者の態度を正当化するものであると、言おうとしているのである。ハイデッガーやフーコーやマッキンタイヤーの下降的な話は、現在の諸実践を断罪するが、その一方で、それらの実践に対する著者の見解を受け入れることを正当化し、そのことによって、焦眉の哲学的問題はこれだという彼らの主張を正当化する。これは、ヘーゲルやライヒェンバッハやブルーメンベルクの上昇的な話が遂行するのと、同じ機能である。

(5) 「哲学」の尊称的用法や標準リストや自己正当化への欲求は、ジョン・ダンの言っているある傾向を、説明してくれるように思われる。それは、「多くの著作、特に政治思想史に関する著作は、〈どの偉大な書物のどの命題が、ほかのどの偉大な書物のどの命題を著者に思い出させるか〉ということから形成されるという、奇妙な傾向」(1980 : 15)のことである。この傾向は、大抵の精神史が持っているしるしであり、私には奇妙なものには見えない。それは、歴史家や哲学者が自分たちの衣を脱ぎ捨てて、自分たちの好みの偉大な書物の内にどのような有益なものを見出したかについて語り合うとき、彼らのいずれもが示すものである。私の見るところでは、精神史のよいところ——それを不可欠のものにしているもの——は、哲学的でない歴史も歴史的でない哲学もともに満たしそうにないような欲求を、それが満たしてくれるということである(これらの欲求を抑制しなければならないという示唆については、第四節で論じる)。

(6)　ジョナサン・レーは、哲学者の答えるべき共通の非歴史的問題群があるという考えが、どう展開されたかについて、非常に多くの情報を与えてくれる。"Philosophy and the History of Philosophy" という優れた論文の中で、レーは、「いわゆる哲学史は、本当は、異なる哲学的立場を選んだ諸個人の話にすぎなかった。それらの立場そのものは、常にそこにあり、永久に利用でき、変化しないものである」(Rée 1978 : 17)という、ルヌヴィエの確信について語っている。これは、私が学説史と呼んでいるものの、指導的前提である。

(7)　ジョナサン・レーは、〈哲学を、「知的生産の、自足的、恒久的分野」、「諸世紀をトンネルのように貫くそれ自身の歴史」を有するものと思わせる上で、「《哲学史》という観念」が有している役割〉に反論する(Rée 1978 : 32)が、この反論は、そうした懐疑論的な考え方の、一つの表現である。私はレーにまったく同意するが、私が推奨した三つのジャンルを維持しながらこの神話を避けるには、「哲学」を、記述的な言葉としてでなく尊称的な言葉として、自覚的に使用するだけでよいと思う。

(8)　本論文の草稿への有益な批評に対して、デイヴィッド・ホリンジャーに感謝する。また、それを作成するのに理想的な環境を与えてくれた、行動科学高等研究センターにも感謝する。

文献

Ayer, A. J. 1936. *Language, Truth and Logic.* London : Gollancz

Ayers, Michael. 1978. "Analytical Philosophy and the History of Philosophy," in Jonathan Rée, Michael Ayers and Adam Westoby, *Philosophy and its Past.* Brighton : Harvester Press

Bennett, Jonathan. 1971. *Locke, Berkeley, Hume : Central Themes.* Oxford : Oxford University Press

Dunn, John. 1980. *Political Obligation in its Historical Context.* Cambridge : Cambridge University Press

Fiering, Norman. 1981. *Moral Philosophy at Seventeenth-Century Harvard : A Discipline in Transition.* Chapel Hill : University of North Carolina Press

Heidegger, M. 1973. "Sketches for a History of Being," in *The End of Philosophy,* trans. Joan Stambaugh. New York : Harper & Row

Hirsch, E. D., Jr. 1976. *The Aims of Interpretation.* Chicago : University of Chicago Press

Rée, Jonathan. 1978. "Philosophy and the History of Philosophy," in Jonathan Rée, Michael Ayers and Adam Westoby, *Philosophy and its Past.* Brighton : Harvester Press

Rorty, Richard. 1982. *Consequences of Pragmatism.* Minneapolis : University of Minnesota Press

Ryle, Gilbert. 1971. *Collected Papers,* vol. 1. London : Hutchison

Skinner, Quentin. 1969. "Meaning and Understanding in the History of Ideas," *History and Theory* 8 : 3–53

Strawson, P. F. 1966. *The Bounds of Sense : An Essay on Kant's 'Critique of Pure Reason'.* London : Methuen

Thompson, E. P. 1963. *The Making of the English Working Class.* Baltimore : Penguin Books

V　哲学に対する民主主義の優先

「隣人が、二〇人の神がいると言おうと、神はいないと言おうと、私には何の差し障りもない」[1]――トーマス・ジェファーソンのこの発言は、アメリカの自由主義政治に一定の色合いを与えた。彼が神を引き合いに出して述べたことは、ある考えを尊重するよう人々を導くものであった。それは、政治は〈最も大切な事柄〉に関する信念と切り離すことができ、市民が〈最も大切な事柄〉について同じ信念を持っていなくても、民主社会は成立しうるという考えである。啓蒙主義の多くの担い手は、典型的有神論者と典型的無神論者に共通するような道徳的能力だけで、公民たるに十分であると考えたが、ジェファーソンもこの点では同じであった。

だが、啓蒙主義の多くの知識人は、さらにもう一歩踏み出し、好んで次のように言った。宗教的信念が政治的統合には不要のものだとわかった以上、それをたわごととして捨て去るべきである——おそらくそれは、(二〇世紀の全体主義的マルクス主義国家に見られるように、)市民の道徳意識を形成するある種の明らかに世俗的な政治的信念に、とって代わられるべきであろう——と。ジェファーソンはそこまで進むのを拒んだが、ここでも彼は、アメリカの自由主義政治に一定の色合いを与えることになった。彼の考えでは、宗教を個人の問題とし、社会秩序には関わりがないことを認めさえすれば、それで十分であった。彼によれば、宗教は個人の完成と関わりを持っており、ことによると、それにとって不可欠のものかもしれないのである。ジェファーソン的民主国家の市民たちは、「狂信的」でさえなければ、宗教を信じることも、信じないこともできる。つまり、〈最も大切な事柄〉に関する彼らの意見——これまで彼らの人生に意味や目的を与えていたであろうような意見——が、仲間の市民のほとんどに対して正当化できないような公的活動を引き起こすのでなければ、それを捨てたり変更したりしなくてよいのである。

魂の完成と公の秩序との関係に関するこのジェファーソン的妥協策は、二つの面を持っている。一つは絶対主義的な面であり、〈人間はみな、特殊な啓示に与らなくても、公民たるに不可欠の信念をすべて持っている〉という主張からなる。これらの信念は、人間が普遍的に持っている良心という能力から発現する。この能力の所有こそ、個々人をまさしく人間たらしめる本質であり、この能力によって、個人に人間の尊厳と権利とが与えられる。これに対して、もう一つの面は、プラグマティズム的である。それによれば、個人の良心の内に見出される信念が、公の秩序に関わるものでありながら、仲間の市民に共通な信念に基づいて擁護することのできないものである場合、その人は、公の都合という祭壇の上で、自分の良心を犠牲に供しなければならない。

これら二つの面の間の緊張は、人間一般に対する正当化の可能性を真理と同一視するような哲学理論によって、除去することができる。それは、人間の魂の非歴史的本性と道徳的真理との間に、ある関係を認め、自由な開かれた議論によって科学的問題ばかりでなく道徳的問題に対しても「一つの正しい答え」が生み出されることを、その関係が保証しているとするものである。(2) こうした理論を具体化するのは、「理性」という啓蒙主義の観念である。そうした理論は、次のことを保証する。すなわち、人類の大部分に対して正当化できないような道徳的信念は「不合理」であって、本当はわれわれの道徳的能力が生み出したものではない。むしろそれは「偏見」であり、魂の「理性」以外のある部分から出てくる信念である。それは、良心の尊厳に与っていない。というのは、ある種の疑似良心の産物だからである。それを失うことは、それを犠牲にすることではない。むしろそれは、浄化なのである。

今世紀になって、啓蒙主義の妥協策に関するこの合理主義的正当化は、信頼を失った。現代の知識人は、宗教や神話や伝統はある非歴史的なもの――あらゆる人間が人間である限りにおいて共通に持っている何か――と対立するという、啓蒙主義の前提を放棄した。人類学者や科学史家は、生得的合理性と文化的適応の産物との区別をぼかしてしまった。ハイデッガーやガダマーのような哲学者は、人類を徹底的に歴史的なものと見る方法を、われわれに与えた。他の哲学者――クワインやデイヴィドソンのような――は、永遠の理性真理と一時的な事実真理の区別をぼかしてしまった。精神分析は、良心と、愛や憎しみや恐れのような情動との区別をぼかし、そうすることによって、道徳性と思慮の区別をぼかしてしまった。こうした結果、ギリシアの形而上学と、キリスト教神学と、啓蒙の合理主義とに共通する自我のイメージ――つまり、外来の非本質的周辺にとり囲まれた、非歴史的本性的核心・人間の尊厳の在り処といったイメージ――が、消されることになったのである。

このイメージが消されると、真理と正当化可能性とを繋ぐ鎖が断ち切られることになる。そして、この鎖が断ち切られると、啓蒙主義の妥協策の二つの面を繋ぐものが、壊れることになる。その結果、自由主義的社会理論は二極分裂を起こしてしまう。もしわれわれが絶対主義の側にとどまるなら、われわれは、譲渡できない「人権」について、あるいは、道徳や政治のディレンマに対する「一つの正しい答え」について、語るであろう。だが、その場合、自分の言うことを人間本性の理論によって根拠づけようとはしないであろう。われわれは、権利とは何かということに関する形而上学的説明を放棄するが、それにもかかわらず、〈どこにおいても、どの時代やどの文化においても、人間は同じ権利を持っていた〉と主張するであろう。しかし、これに対して、もしわれわれがプラグマティズムの側につき、〈「権利」に関する話は、しかるべき責任を負うことなしに形而上学からの利益を享受しようとする試みである〉と考えるなら、自分たちの尊重する個人的良心を、自分たちが「狂信的」と非難する個人的良心から区別するための何かが、われわれにはなお必要であろう。この何かは、かなり局地的で、自文化中心的なものでしかありえない。つまり、それは、特定の共同体の伝統や、特定の文化の合意といったものでしかありえない。この見解からすれば、何が合理的であり、何が狂信的であるかは、ある集団に対して相対的にしか決まらない。その集団とは、われわれが自分を正当化する必要を認める際に、その正当化の相手となる集団のことである。言い換えれば、何を合理的とし、何を狂信的とするかは、「われわれ」という語の指示対象を決定するところの、共有された一群の信念に対して、相対的なのである。したがって、カントの行なったような〈核をなす貫文化的・非歴史的自我〉との同一視は、ヘーゲルが行なったような類いの〈歴史の産物と見なされる自らの文化〉との同一視に、とって代わられることになる。〈自らを同一視する共同体に対して正当化可能であることが、真であることを含意するか〉という問いは、プラグマティズムの社会理論には、まったく無縁の問いなのである。

非歴史的人「権」という観念をまじめに取るロナルド・ドゥウォーキンらは、前者の絶対主義的立場をとる者の典型である。これに対して、ジョン・デューイ——や(まもなく論じるように)ジョン・ロールズ——は、後者の立場をとる者の典型である。しかし、第三のタイプの社会理論も存在する。それは、しばしば「共同体主義」と呼ばれているが、その位置づけを行なうのは、あまり容易なことではない。大雑把に言えば、この名称で呼ばれている人々は、啓蒙主義の個人主義的合理主義と「権利」観念の、いずれをも拒絶する。だが、プラグマティストとは違い、これらを拒絶することは、現存の民主国家の制度や文化に疑問を投げかけることだと彼らは考える。こうした理論家には、ロバート・ベラー、アラスデア・マッキンタイヤー、マイケル・サンデル、チャールズ・テイラー、初期のロベルト・ウンゲルをはじめ、多くの人々が含まれる。これらの人々は、みな、ある見解にある程度まで同意している。それは、ハイデッガーの内に、あるいはホルクハイマーとアドルノの『啓蒙の弁証法』の内に、極端な形で認められる見解であり、〈自由主義の制度や文化は、啓蒙主義がそれらに与えた哲学的正当化の破綻とともに、命脈を断つべきである(あるいは命脈を断たざるをえない)〉というものである。

共同体主義は三つの要素からなっており、これらを解きほぐす必要がある。——第一の要素は、ある経験的予測であり、〈非歴史的な道徳的真理の観念をデューイ流の無頓着なやり方で片づけてしまうような社会は存続不可能である〉ということを、その内容とする。例えば、ホルクハイマーとアドルノは、魔法を解かれた世界では、道徳的共同体の形成は不可能ではないかと考える。なぜなら、寛容はプラグマティズムに至るが、「盲目的にプラグマティズム化された思想」が「その超越的性質と、真理に対するその関係と」をどうしたら失わないでいられるか、明らかではないからである。[3] 彼らの考えでは、プラグマティズムは啓蒙の合理主義の必然的所産であり、しかもそれは、道徳的共同体を可能にするほど強い哲学ではないのである。[4] ――共同体主義の第二の要素は、〈自由主義の制度や文化が生み出す人間は、望ましい人間ではない〉という、道徳的判断である。例えばマッキンタイヤーは、〈われわれの文化――「《裕福な耽美家》と《経営者》と《医者》と」によって支配されていると彼が言っている文化――は愚かしい文化であり、それを創り出すのに手を貸した哲学的見解と、今それを擁護するのに使われている哲学的見解とが、いずれも誤りであることを、その現状は背理法的に示している〉と考えている。――共同体主義の第三の要素は、次のような主張である。〈政治制度は人間本性に関するある教説を「前提」し、しかもその教説は、啓蒙の合理主義とは違って、自我が本質的に歴史的性格を有することを明確にするものでなければならない。〉それゆえ、テイラーやサンデルらは、ヘーゲルやハイデッガーの〈自我の歴史性〉の感覚を組み込んだ自我論の必要性を説いている。

第一の主張は、共同体を統合するのに必要な接着剤に関する、率直な、経験的、社会学的―

歴史的主張である。第二の主張は、〈現在の自由主義的民主国家では、短所が長所を上回っている〉——言い換えれば、〈文化と、その文化が生み出す個々人の、下劣で卑しい性格の方が上回っている〉——という、率直な道徳的判断である。だが、第三の主張は、もっとわかりにくく、複雑である。私はこの第三のわかりにくい主張に議論を集中したい。但し、最後のところで第一と第二の主張に戻り、それらを手短かに論じるつもりではあるが。

この第三の主張を評価するには、二つの問いを立ててみる必要がある。第一の問いは、〈自由主義的民主主義は、そもそも、哲学的正当化を「必要とする」か〉という問いである。なぜこれを問題にするかと言えば、デューイのプラグマティズムを受け入れる人々は、〈自由主義的民主主義は哲学的分節化を要するかもしれないが、哲学的な支えを必要とはしない〉と言うだろうからである。この見解からすれば、自由主義的民主主義を主張する哲学者は、自分が賛美する諸制度にうまく合うような自我論を展開したいと思うであろうが、だからといって、一層基本的な前提に言及することによって、それらの制度を正当化しようとしているわけではない。むしろ、その逆である。彼らは政治を先に置き、それに見合うような哲学を作ろうとしているのである。共同体主義者はこれとは対照的である。政治制度はその哲学的基礎以上には評価されないかのような発言を、彼らはしばしば行なっているのである。

第二の問いは、正当化と分節化の対立を棚上げした場合でも、問うことのできる問いである。

〈テイラーの言う「共同体を個人の構成要素」とするような自我観念[5]は、本当に啓蒙主義の自我観念よりも、自由主義的民主主義にうまく合うものなのか〉というのがそれである。テイラーは後者の自我観念を要約して、人間の尊厳に関する「近代の典型的な考え方」を定義するところの「自由の理想」、つまり、「外から干渉されたり、外的権威に従属したりせず、独力で行動する能力」にほかならないとする。テイラーの見解では（ハイデッガーの場合と同じように）、これらの啓蒙主義の諸観念は、「効力、権力、自若」という近代の特徴をなす諸観念と、密接に結びついている[6]。それらはまた、個人の良心の神聖さを説く現代の教説——権利への訴えは他のあらゆる訴えに「まさる」という、ドゥウォーキンの主張——とも、密接に結びついている。そういった考えを、人間の本来の在り方に関するさほど個人主義的でない考え方——自律よりも相互依存性の方を重視する考え方——に置き換えることこそ、テイラーがハイデッガーとともに望んでいることなのである。

ここで、私がこれからどうするかを、予め示しておこう。私は、共同体主義者の第三の主張に関わる二つの問いの内、第一の問いに対しては「ノー」、第二の問いに対しては「イエス」と答えるであろう。その論点は、以下の通りである。ロールズは、デューイに従い、自由主義的民主主義がいかにして哲学的前提なしにやっていけるかを、われわれに示している。つまり、彼は、どうしたら共同体主義者の第三の主張を無視することができるかを、われわれに示している。しかし、〈共同体を自我の構成要素とするような自我観念こそ自由主義的民主主義にふさわしい〉というテイラーのような共同体主義者の発言も、正しいと言わなければならない。つまり、もしわれわれが、そうした民主国家の市民としての自己イメージを、自我に関する何らかの哲学的見解によって肉づけしようと思うのなら、テイラーの見解をほぼ正しいとしなければならない。だが、この種の哲学的肉づけは、ホルクハイマーやアドルノ、ハイデッガーらがそれに帰したような重要性は、持っていないのである。

前置きはそれくらいにして、早速ロールズを取り上げ、次の点を指摘することから始めよう。『正義論』においてもそれ以後においても、彼は自分の立場を、宗教的寛容というジェファーソン的理想と結びつけている。「公正としての正義――形而上学的でなく政治的な」という最近の論文では、「寛容の原理を哲学そのものに適用しよう」とし、次のように言う。

要点は次の通りである。実際の政治問題としては、どのような一般的道徳観念も、現代民主社会における公的な正義観念の基盤とはなりえない。現代民主社会の社会的、歴史的諸条件は、宗教改革後の宗教戦争と寛容の原理の発展、それに、立憲政治の興隆と大規模市場経済の諸制度に由来する。これらの条件は、有効な政治的正義観念の要件に強く影響している。つまり、そのような観念は、教説の多様性を認めなければならず、〈現存する民主社会の構成員が肯定する善の観念には、相矛盾し、共約不可能でさえあるようなものが複数ありうる〉ことを、認めなければならない(7)。

このロールズの発言は、次のように解することができる。〈公の秩序について熟考し、政治制度を確立する場合には、多くの標準的な神学的話題を括弧に入れるべきだと宗教的寛容の原理と啓蒙主義の社会思想は提案したが、これとまったく同じように、その場合には、哲学的探究の多くの標準的話題をも括弧に入れる必要がある。〉社会理論の諸目的は、非歴史的人間本性、自我の本性、道徳的行動の動機、人生の意味、といった話題を顧慮しなくても、達成することができる。ジェファーソンは三位一体や化体説に関する問題を政治とは無関係と考えたが、それと同じように、われわれはそれらの話題を政治とは無関係なものとして扱うのである。

こうした態度をとる限り、ロールズは、ホルクハイマー＝アドルノ流の、アメリカ自由主義に対する多くの批判から、その力を奪ってしまう。〈ジェファーソンと彼を取り巻く人々は、多くの疑わしい哲学的見解――今のわれわれなら拒否するであろうような見解――を共有していた〉ということに、ロールズは同意することができる。〈これらの見解はそれ自身を破壊に導く要素を含んでいた〉というホルクハイマーとアドルノの考えに対してさえ、彼は同意することができる(デューイもおそらくそうだったであろう)。だが、彼の考えによると、その治療法は、〈同じ話題について、よりよい哲学的見解を形成すること〉ではなく、〈(政治理論のために)これ

らの話題を快く無視すること〉である。彼が言うように、

公正としての正義は、民主社会にとっての正義という政治的正義観念として意図されているので、民主社会の政治制度とその解釈の公的伝統とに組み込まれた基本的な直観的観念に、ひたすら依拠しようとする。公正としての正義が政治的観念であるのは、一つには、それが、ある政治的伝統の内から出発するからである。われわれは、この政治的正義観念が、少なくとも、「重なり合う合意」と呼べるようなものによって支持されることを、希望する。「重なり合う合意」とは、対立する哲学的教説や宗教的教説の内、多少とも公正な立憲民主社会においては生き残って支持者を得そうなものを、すべて含んでいるような、そういった合意のことである。(8)

ロールズの考えでは、「独立した形而上学的、道徳的秩序に関する真理を探究するものである限り、……哲学は、民主社会における政治的正義観念の有効な共通基盤を提供することができない。(9)」そのため彼は、まず「宗教的寛容の信念や奴隷制の拒否のような、確固たる確信となっているもの」を集めることに専念し、それから「それらの確信に潜んでいる基本的な直観的観念や原理を組織立てて、整合的正義観念を作り出すよう努力する」ことを、提案する。(10)

この態度は、徹底した歴史主義的、反普遍主義的態度である。(11)ロールズは、カントに反対するヘーゲルやデューイに心から同意することができるし、〈自分自身を伝統と歴史から解放し

ようとする――《自然》や《理性》に訴えようとする――啓蒙主義の試みは、自己欺瞞であった〉と言うこともできる。[12] 彼の目からすれば、《自然》や《理性》に訴えようとするのは、神学にできなかったことを哲学に行なわせようとする、誤った試みである。ロールズは自分の努力を、「哲学的に言えば表面にとどまろうとする」ものと言っているが、この努力は、神学を避けようとしたジェファーソンの努力をもう一歩進めるものと見ることができる。

私がロールズに帰しているデューイ的見解からすれば、「哲学的人間学」のような学問は、政治学の前書きとしては必要ではない。必要なのは、歴史と社会学だけである。また、ドゥウォーキンは彼の見解を、「目標を基盤とする」ものではなく、「権利を基盤とする」ものと理解するが、このような見方は誤解のもとである。というのは、「基盤」という観念は、適当ではないからである。われわれは、先行する哲学的根拠から権利を持つことが人間の本質をなすことを知った上で、社会はどのようにしてそれらの権利を維持し保護することができるかを考えるわけではない。〈正義は歴史的状況に対して相対的か〉という問いの場合もそうであるが、この優位性の問いに関しても、ロールズは、ドゥウォーキンよりもウォルツァーに近い見解をとる。[13]〈政治理論の諸目的を達成するには、歴史に優先し先行するような本質を持つものとして自分自身を把える必要がある〉ということを、ロールズは信じない。したがって、〈これらの目的を達成するには「ある意味において、必然的、非偶然的で、いかなる特定の経験にも先行する」ような「道徳的主体の本性」[14]を説明しなければならない〉とするサンデルの見解には、同意しないであろう。われわれの祖先のある者が、《創造者》と思しきものに対する彼らの関係について説明を求めたように、われわれの祖先の別の者は、そういった「道徳的主体の本性」に関する説明を求めたかもしれない。しかし、われわれ——正義を第一の徳目とする、啓蒙主義の継承者——にとっては、どちらも必要ではない。ジェファーソンが、神の本性に関する神学的な見解の相違に無関心であったように、われわれは、市民としても、社会理論家としても、哲学的な見解の相違に無関心でいられるのである。

私見によれば、ロールズの哲学的寛容の擁護は、ジェファーソンの宗教的寛容の擁護を敷衍したものであり、そのような敷衍はもっともなものである。前段最後の論点は、この私の主張を尖鋭化するための、一つの方法を示唆している。「宗教」も「哲学」も、曖昧な、包括的な言葉であり、どちらも、説得力のある定義のし直しを被りやすい。これらの言葉が広く定義された場合には、どんな人でも——無神論者でさえ——宗教的信仰(ティリッヒの言う「究極の関心事の象徴」という意味での)を持っていることになり、どんな人でも——形而上学や認識論を避ける人でさえ——「哲学的前提」を持っていることになるであろう。[15]だが、ジェファーソンやロールズを解釈するためには、もっと狭い定義を用いなければならない。ジェファーソンの目的にかなうように、「宗教」は、神の本性や神の《御名》に関する論議――それに神の存在に関する論議さえも含めて――のことであるとしよう。[16] また、ロールズの目的にかなうように、「哲学」は、人間の本性に関する論議――それに「人間本性」なるものの存否に関する論議も含めて――のことであるとしよう。[17] これらの定義を用いれば、〈ロールズが望んでいるのは人間の本性や目的に関する見解が政治と切り離されることである〉と言うことができる。彼自身言っているように、彼は、正義に関する自分の考えが、「人格の本性や同一性に関する主張を……回避する」ことを望んでいる。[18] それゆえ、おそらく彼は、人間存在の目的や人生の意味に関する問いが、私的生活のために取っておかれることを、望んでいる。自由主義的民主国家は、そういった問いに関する意見が法的強制を免れるようにするだけでなく、そういった問いに関する議論を社会政策に関する議論から引き離すことを目指すであろう。だがそれは、良心が民主制度を脅かすような行為を個人になさしめる限りにおいては、個人の良心に対して権力を行使するであろう。狂信に反対するロールズの議論は、〈狂信は、自由な議論を脅かすことによって、先在する形而上学的、道徳的秩序の特徴に関する真理を脅かす〉というものではない。彼の議論は、単に、〈狂信は自由を脅かし、それゆえに正義をも脅かす〉というものでしかない。この点で、それはジェファーソンの議論とは違っている。彼の場合には、そういった秩序の存在や、その本性に関する真理は、抜け落ちてしまうのである。

先ほど提案した「哲学」の定義は、見かけほど人為的な、その場しのぎのものではない。知の歴史家たちは、普通、「人間的主体の本性」を、ヨーロッパ文化が世俗化するにつれて次第に神に取って代わるようになった話題として、扱っている。これは、一七世紀から今日にかけて、形而上学と認識論の中心をなした話題であり、しかも、良かれ悪しかれ、形而上学と認識論は、哲学の「核心」と見なされてきた。[19] 政治的結論には政治外的根拠づけが必要だと考えられている限り——言い換えれば、ロールズの反省的均衡の方法[20]では十分ではないと考えられている限り——それらの一般的原理の「権威」に関する説明が求められるであろう。

そういった正統化の必要性が感じられる場合には、政治に対して、宗教的前書きないし哲学的前書きが求められるであろう。[21] ホルクハイマーとアドルノは、プラグマティズムは自由社会を統合するだけの十分な強さを持っていないのではないかと懸念するが、そうした必要性が感じられる場合には、この懸念が一般に抱かれることになるであろう。だが、ロールズは、デューイの考えを反復し、〈正義が社会の第一の徳目となる限り、そういった正統化の必要性は次第に感じられなくなるであろう〉ということを示唆する。なぜなら、そのような社会は、ある考え方に馴れてしまうだろうからである。〈諸個人——同じ伝統の継承者であり、同じ問題に直面していると自認する諸個人——の間でうまく調和が図れるということを除いては、社会政策が権威として求めるものはない〉というのがそれである。「イデオロギーの終焉」を鼓舞するような社会こそが、反省的均衡を、社会政策を論じるのに必要な唯一の方法と見なすであろう。そのような社会が、問題を協議し、原理や直観を集めて均衡に到らしめようとするときには、自我や合理性に関する哲学的説明から引き出された原理や直観は、捨てられることになるであろう。なぜなら、そのような社会はそういった説明を政治制度の基礎とは見ず、悪くて〈哲学的たわごと〉、良くても〈完成を目指す個人的探究にとっては重要だが、社会政策には無関係なもの〉と見るだろうからである。[22]

「哲学的に言えば表面にとどまる」ことを目指すロールズの試みと、「民主主義の哲学的基礎」まで掘り下げようとする伝統的な試みとを、詳細に対比するために、しばらくの間、サンデルの『自由主義と正義の限界』を取り上げてみよう。この明晰で力強い書物は、自由主義政治を正統化するのに自我に関するある考え方――人間の在り方に関するある形而上学的見解――を用いようとする試みに対して、非常に優美で説得力のある反論を行なう。サンデルはこの試みをロールズに帰している。私も含めて多くの人々は、ロールズの『正義論』を、初めはそのような試みと見なしていた。つまり、われわれの道徳的直観を人間本性に関するある考えに基づけようとする、啓蒙主義の試みの続きとして、（もっと限定すれば、それを「合理性」の観念に基づけようとする新カント派的な試みとして、）われわれはそれを読んだのである。だが、『正義論』に続くロールズの書き物によって、われわれは、彼の本を誤って解釈していたことに気づくようになった。つまり、われわれは、カント的な要素を過大に強調し、ヘーゲル的な要素やデューイ的な要素を過小評価していたのである。それらの書き物は、ロールズの次のようなメタ哲学的教説を、『正義論』よりも明確に打ち出している。

> 〈われわれに先行し、われわれに与えられているところのある秩序〉に正確に合致することが、正義に関する考え方を正当化するのではない。われわれのより深い自己理解やわれわれの熱望するものと一致すること、〈自分たちの公的生活に組み込まれている自分たちの歴史と伝統においては、それがわれわれにとって最も理にかなった教説である〉ということをわれわれが認識すること――こういったことが、それを正当化するのである[23]。

このような箇所を念頭に置いてもう一度読み直してみると、『正義論』はもはや、人間的自我の哲学的説明に依拠するものとは見えない。それが依拠しているのは、われわれの現在の生き方に関する歴史的―社会学的記述だけである。

ロールズは「ヒューム的相貌をした義務論」を与えていると、サンデルは見る。つまり、〈カントの観念論的形而上学というハンディキャップを持たない、社会思想へのカント的、普遍主義的アプローチ〉を与えていると言うのである。だが、サンデルの考えでは、このアプローチは役に立たない。彼の言によれば、ロールズが求めているような類いの社会理論は、デカルトとカントが神と置き換えるために発明したような自我を、当然要請する。それは、信念や願望の単なる連鎖であるよりも、〈様々な「偶然的な願望・欲求・目的」を「有する」カント的な「経験的自我」〉とは区別可能な自我である。ヒュームがわれわれに与えるのは、そのような連鎖――サンデルが「徹底した状況内主体」[24]と呼ぶもの――だけである。サンデルが、ロールズの企図は失敗する運命にあると考えるのは、そのためである[25]。サンデルの説明によれば、『正義は社会制度の第一の徳目である」というロールズの教説は、次のような形而上学的主張からの支えを必要としている。「目的論とは反対に、われわれの人格性にとって最も本質的なものは、われわれの選ぶ目的ではなく、それを選ぶわれわれの能力である。この能力は自我の内にあり、自我はそれが選ぶ目的に先立つものでなければならない[26]。」

だが、『正義論』を、形而上学的なものでなく、むしろ政治的なものとして読むなら、それとは違った見方が可能となる。つまり、その場合には、「自我はそれが肯定する目的に先立っている[27]」というロールズの発言を、〈自我が「有している」信念や願望の網目とは別に「自我」なるものが存在する〉というふうにとる必要のないことが、わかるのである。「独立に定義される善に絶えず目を向けるという仕方で、自分たちの人生に形を与えようとすべきではない[28]」とロールズが言うとき、彼はこの「べし」を、自我の本性に関する主張に基づけているのではない。「べし」は、「道徳性の内在的本性により」という言葉や[29]、「選択能力が人格の本質をなすがゆえに」という言葉で、注釈されてはならない。むしろそれは、「われわれ——宗教的寛容と立憲政治の伝統の現代の継承者——が、自由を完成よりも優先させるがゆえに」といった仕方で、注釈されるべきなのである。

すでに述べたように、われわれのなすことに進んで訴えるというやり方は、自文化中心主義と相対主義という妖怪を生ぜしめる。サンデルは、ロールズもカントと同じようにこれらの妖怪を恐れていると確信している。そのため彼は、「社会の基本構造を評価するための「アルキメデスの点」」——すなわち、「世界との関わりによって汚されておらず、また世界を超脱していることによって、孤立し、資格を失ってはいないような立脚点」[30]——を、ロールズは求めていると確信する。だが、〈立脚点というものは「世界との関わりによって汚され」うるものだ〉というこの考えこそ、ロールズが最近の著作で拒絶している考えである。サンデルのような、哲学的傾向を持つ共同体主義者は、相対主義と「道徳的主体理論」との中間地帯を思い描くことができない(ここで言う「道徳的主体理論」とは、例えば、宗教的寛容や大規模市場経済に関する理論ではなく、非歴史的に見られた人間そのものに関する理論のことである)。ロールズは、まさにそのような中間地帯の範囲を明示しようとしているのである[31]。彼がアルキメデスの点について語るとき、歴史の外部のある点のことを考えているのではない。彼が考えているのは、更なる選択に多くの自由を認めるような、確立された社会習慣にすぎない。例えば彼は、次のように言う。

〈公正としての正義は、言うならば、現下の願望や関心の意のままにはならない〉というのが、これらの考察の結果である。それは、ア・プリオリな考察を援用することなしに社会システムの評価を行なうための、アルキメデスの点を設定する。社会の長期的目的は、大筋において、その現構成員の個々の願望や欲求に関わりなく決定される。……〈上位ないし下位の役割を演じたいという人間の願望は、独裁的な制度を受け入れるほど大きくはないか〉、〈人間は、他人の宗教的実践を見て、良心の自由を認めなくなるほど動揺することはないか〉――こういった問いは、どこにも入る余地がないのである。[32]

〈ニーチェやロヨラが提起するような問いは、どこにも入る余地がない〉ということの発言は、彼らの見解はわけがわからない(「理論的に不整合である」とか「概念的に混乱している」とかいった意味で)ということを意味してはいない。また、彼らの見解は誤った自我論を基盤としているということを、意味するわけでもない。あるいはまた、われわれの好みは彼らの好みとは相容れないという、それだけの発言でもない。[33] それが言わんとしているのは、彼らとわれわれの間のくい違いは、「好み」という言葉が適切でなくなるほどに大きい、ということである。趣味や異性について「好み」という言葉を用いるのは適切である。なぜなら、それを問題にするのは、ほかならぬ当人とその直接の仲間内だけだからである。だが、自由主義的民主主義について「好み」という言葉を用いるのは、誤解のもとである。

ロールズの言葉を用いて言えば、われわれ啓蒙主義の継承者は、むしろ、ニーチェやロヨラのような自由主義的民主主義の敵を、狂っていると見なす。なぜなら、彼らをわが立憲民主国家の仲間の市民——すなわち、利発さと善意志とがあれば、自分の生活設計を他の市民のそれとうまく調和させうるであろうような人々——と見なす術がないからである。彼らがおかしいのは、人間の非歴史的本性を誤解しているからではない。〈われわれがまじめに受け取ることのできるもの〉こそが、正気の範囲を定めるからである。そして、この〈われわれがまじめに受け取ることのできるもの〉を決定するのは、われわれの教育であり、われわれの歴史的状況である。[34]

ニーチェやロヨラに対するこのそっけない扱いが、話にならないほど自文化中心的に見えるとすれば、その責任は、哲学的伝統にある。つまり、〈理性の言うことに進んで耳を傾け、あらゆる議論を最後まで傾聴する人は、誰であろうと、真理を会得することができる〉という考えを、哲学的伝統がわれわれに教え込んでいるから、そう見えるのである。この考えは、キルケゴールが「ソクラテス主義」と呼んで、〈われわれの出発点は歴史的出来事でしかない〉という主張と対比したものであるが、そういった考えは、〈人間の自我は中心(神的火花、もしくは「理性」と呼ばれる真理を追う能力)を持っており、時間と忍耐力とがあれば、立論はこの中心にまで到達する〉という考えと、絡み合っている。ロールズの目的にとっては、このようなイメージは必要ではない。われわれは徹頭徹尾、中心のないものとして、歴史的偶然として、自我を見ることができる。善に対する正義の優位を、カントのようなやり方で——すなわち、自我を「経験的自我」ないし「徹底した状況内主体」以上のものとするような自我論を援用することによって——擁護する必要は彼にはなく、またそうしたいという気も彼にはない。おそらく彼はこう考えるであろう。〈カントは正義の本性に関しては概ね正しかったが、哲学の本性と機能に関しては概ね誤っていた〉と。

更に立ち入って言えば、次のようになる。「どの程度の超脱にも必要な——すなわち〈いかなる整合的自我観念からも排除できない所有面〉に不可欠な——主体と状況との間の距離[35]」が存在すると、サンデルは主張する。ロールズは、このカント的なサンデルの主張を拒否することができる。サンデルは、この「所有面」を、次のように定義する。「私を私の属性から構成しようとしても、決して十分にはできない。私の在り方としての属性ではなく、むしろ私の持っている属性が、常に存在しているに違いないのである。」私が提示しているロールズ解釈からすれば、自我とその状況とを範疇的に区別する必要はない。われわれは、自我の属性と自我の構成要素、自我の偶有性と自我の本質の区別を、「単に」形而上学的なものとして捨てることができる。[36] もしわれわれに哲学する傾向があるとしたら、われわれは、デカルトやヒュームやカントが与えてくれる語彙よりも、デューイやハイデッガーやデイヴィドソンやデリダが与えてくれる語彙の方を――それらに組み込まれた、形而上学に対する警告とともに――求めるであろう。[37] なぜなら、後者の語彙を使用すれば、発見の歴史としてではなく、むしろ創造の歴史として――「理性」の使用によって「原理」や「権利」や「価値」を徐々にあらわにしていくこととしてではなく、「徹底して状況内にある」個人や共同体の、詩的業績の歴史として――道徳的進歩を見ることができるからである。

「その対象に先立って、それとは独立に与えられる主体の概念は……義務論的な見方を強力に完成させる」というサンデルの主張は、十分に正しい。だが、そうした強力な完成をロールズに示唆することは、彼に毒リンゴを与えるに等しい。それは、聖書の釈義に基づいて宗教的寛容を擁護するような議論を、ジェファーソンに与えるのと、同じようなものである。[38]〈道徳法則は「基礎」を必要とする〉という前提を拒否する点で、ロールズはジェファーソンとは違っている。これこそまさに、彼をデューイ的自然主義者たらしめるものである。すなわち、これによって彼は、意志と知性の区別も自我の構成要素とその属性の区別も要しない、デューイ的自然主義者となりうるのである。彼は、「完全な義務論的な見方」――すなわち、〈正義の方をわれわれの善の観念よりも優先させなければならないのはなぜか〉を説明するような見方――を欲しない。彼は、正義が優先するという主張からの帰結を、十分にふくらませようとしているのであって、その主張の前提を十分にふくらませようとしているのではない[39]。ロールズが関心を持っているのは、自我の同一性の条件ではなく、自由社会の市民たるべき条件だけである。

ロールズが試みているのは、アメリカ自由主義の超越論的演繹を行なうことでも、民主制度の哲学的基礎を与えることでもない。彼はただ、アメリカの自由主義者が典型的に持っている原理や直観を、体系化しようとしているにすぎない。だが、それはそうとしても、それでもなお、自由主義を批判する人々が提起している重要な問いが、答えられずに済まされているように見えるかもしれない。〈われわれ自由主義者は、ニーチェやロヨラを狂った人間として簡単に片づけてしまうことができる〉といった主張について考えてみよう。この主張に対して、〈自分たちの見解が立憲民主国家の市民としての資格を自分たち自身から奪ってしまうことはよくわかっているし、また、立憲民主国家の典型的住民が自分たちを狂った人間と見なすことも十分承知している〉と、彼らは考えるであろう。だが、彼らにとっては、これらの事実は、立憲民主国家を非とするための更なる訴因である。彼らの考えでは、立憲民主国家の生み出す人間は、あるべき人間ではないのである。

ニーチェやロヨラに対して、われわれ自由主義的民主主義者は、いかなる対話的態度をとるべきなのか。この問いに答えようとすると、われわれはディレンマに直面することになる。すなわち、人間はどのようなものであるべきかについて論じるのを拒めば、民主主義に不可欠の、好意と寛容の精神を、軽蔑することになりそうである。だが、人間は狂信者であるよりは自由主義者であるべきだという主張を、人間本性に関する理論——哲学——に立ち戻ることなく擁護する方法も、明らかではない。これについて、私は次のように考える。われわれは、ディレンマの第一の角をしっかり押えなければならない。すべての議論を、それが提示された際の言葉遣いのままで扱う必要はないということを、われわれは主張しなければならない。話相手の望んでいる語彙を用い、その中で仕事をすることに気が進まなければ——話相手が議論の話題として提出するものをまじめに受け取ることに気が進まなければ——われわれは好意と寛容を停止させなければならない。このような見解をとることは、〈ただ一つの道徳的語彙とただ一組の道徳的信念だけが、どこの人間共同体にとっても適切である〉という考えを捨てて、〈われわれは、歴史の展開にしたがって、問いと、その問いを提出する際に用いられた語彙とを、あっさりと捨ててしまうことができる〉と認めることである。

　ジェファーソンは、競合する政治制度を論じるのに聖書の言葉遣いを用いるのを拒んだ。それと同じように、「君はどういった種類の人間を生み出したいと思っているのか」という問いに答えることを、われわれは拒絶しなければならない。あるいは少なくとも、この問いに対する自分の答えから、「正義が第一なのか」という問いの答えを引き出してはならない[40]。民主制度を評価するのに神の命令を基準にすべきかどうかは明らかではない。これと同じように、民主制度が作り出す人間の種類を見て民主制度を評価すべきだということも、明らかではない。〈その制度を作り出した特定の歴史的共同体の道徳的直観よりも、もっと特殊なものを基準にすべきだ〉ということについても、同断である。〈道徳的論争や政治的論争は常に「第一原理」に立ち帰るべきだ〉という考えは、それの意味することが〈われわれは、合意に達するという希望を持って、共通基盤を求めるべきだ〉ということでしかない場合には、もっともである。しかし、〈道徳的結論や政治的結論を引き出すための前提には本性的順序がある〉という主張として受け取られるならば、その考えは誤解のもとである。ある特定の話相手(例えばニーチェやロヨラ)はすでにその順序に気づいていると解釈される場合については、言うまでもない。それゆえ、共同体主義者の第二の主張に対して自由主義者が答える場合には、次のように言わなければならない。すなわち、自由主義的民主国家の典型的性格類型が、たしかに〈間の抜けた、打算的で、狭量で、非英雄的なもの〉だとしても、そういった人々の横行は、政治的自由を守るための、理にかなった犠牲なのかもしれない、と。

好意と寛容の精神は、たしかに、ニーチェやロヨラとの共通基盤を求めるべきことを示唆する。だが、どこにそのような共通基盤が見出せるかを予言するのは不可能であるし、そもそもそういった基盤が見出せるかどうかを予言するのも不可能である。すべての人がそれについて見解を持っているような――あるいは持つべきであるような――話題があること〈例えば「何が神の意志なのか」、「人間とは何か」、「何が人間固有の権利なのか」といったことがそれである〉、それらの話題は政治的考察において問題になるものに対し、正当化の順序において優先すること、こういったことを、哲学的伝統は前提してきた。この前提は、〈人間は自然本性的中心を持っており、これをつきとめ明らかにできるのは哲学的探究である〉という前提と一つになっている。〈人間は中心のない信念と願望の網目であり、その語彙と意見は歴史的状況によって決定される〉という見解は、これとは対照的である。この見解は、〈そうした二つの網目の間に十分重なり合うところがないため、政治的話題について合意に達することができず、あるいはそうした話題に関する有益な議論すらできない〉という可能性を考慮に入れている。[41] ニーチェやロヨラを狂っていると結論するのは、彼らがある「基本的な」話題について変わった見解を持っているからではない。われわれがこの結論を出すのは、政治的見解のやりとりを広範に試み、その結果、〈われわれはどこにも至りそうにない〉ということがわかった場合に限られるのである。[42]

先に素描したディレンマの第一の角を、私は以上のような仕方で捉えようと思っているが、このやり方を要約して、〈ロールズは民主政治を一番目に置き、哲学を二番目に置く〉と言うことができる。彼は、普遍的合意の可能性に依拠するプラトン的態度をとることなく、自由な意見交換に依拠するソクラテス的態度を維持する（ここで言う普遍的合意の可能性とは、プラトンの想起説[43]や、純粋概念と経験概念との関係に関するカントの理論のような、認識論的教説の保証する可能性のことである）。ロールズは、〈われわれは寛容的かつソクラテス的であるべきか〉という問いを、〈この戦略は真理に到達するか〉という問いから切り離す。問題の主体が偶然的構造を持つ限り、その戦略によって〈間主観的な反省的均衡が獲得しうるもの〉に到達できれば、彼は満足である。プラトン的な見方による真理、すなわち、「われわれに先立ち、われわれに与えられる秩序」とロールズの呼ぶものを把握するものとしての真理は、民主政治には何の関わりもない。したがって、そうした秩序と人間本性との関係を説明するものとしての哲学も、これまた民主政治には何の関わりもない。それらが衝突するときには、民主主義が哲学に優先するのである。

この結論は、すぐにでも反論できるように見えるかもしれない。なぜなら、人間の本性に関する哲学理論との関わりを拒絶するこれまでの議論は、まさにそういった理論に依拠しているように見えるかもしれないからである。だが、次の点に注意されたい。〈ロールズは歴史的に制約された《信念と願望の中心のない網目》として人間の自我を考えることで満足できる〉と私は何度も言ったが、〈彼にはそういった理論が必要だ〉ということを示唆したわけではない。そういった理論は、自由主義的社会理論に基盤を与えはしない。もし人間の自我のモデルを欲するなら、中心のない網目というこのイメージが、その欲求を満たしてくれるであろう。だが、自由主義社会理論にとっては、そういったモデルは不要である。われわれは、常識と社会科学とで——すなわち、「自我」という言葉がめったにしか出てこないような談話領域だけで——やっていけるのである。

しかし、もし人が哲学の趣味を持っているなら——もしその人の職業、その人の私的完成の追求が、「自我」、「知識」、「言語」、「自然」、「歴史」、といった存在者のモデルを構築し、それから、互いにかみ合うようになるまでそれらをいじくりまわす、ということを必要とするなら——その人は自我のイメージを欲することになるであろう。私自身の職業はこのような類いのものであり、そうしたモデルを構築するときに核としたい道徳的アイデンティティーは、自由主義的民主国家の市民のそれである。したがって、私は、似通った趣味と似通ったアイデンティティーを持つ人々に対して、中心のない偶然的網目としての自我のイメージを推奨する。だが、似通った職業に就いてはいるが、異なる道徳的アイデンティティー——例えば、神の愛、ニーチェ的自己超克、実在そのものの正確な表象、道徳的問いに対する「一つの正しい答え」の追求、ある性格類型の本性的優越性、といったものを核として形成されるアイデンティティー——を持つ人々に対しては、そのイメージを推奨したりはしないであろう。そのような人々には、もっと複雑で、面白く、それほど単純ではない自我モデル——「自然」や「歴史」のようなものの複雑なモデルと複雑に絡み合っている自我モデル——が必要である。だが、それにもかかわらず、そういった人々は、道徳的理由よりもむしろプラグマティックな理由から、自由主義的民主社会の忠実な市民であるかもしれない。彼らは、仲間の市民のほとんどを軽蔑しているかもしれないが、にもかかわらず、〈そのような下劣な性格類型の広がりは政治的自由の喪失よりはましである〉ということを、認める用意があるかもしれない。道徳的アイデンティティーに関する彼らの個人的感覚と、この感覚を分節化するために彼らが開発した人間的自我のモデル——すなわち、自分たちの孤独に対する扱い方——が、自由主義的民主国家の関心事でないことを、彼らはいたく感謝しているかもしれない。〈自由主義国家はカトリックの大司教とモルモン教の預言者の宗教的アイデンティティーの違いを無視するが、どうしたらそれは、これとまったく同じように、グラウコンとトラシュマコスの道徳的アイデンティティーの違いを無視できるか〉ということを、ロールズとデューイは示したのである。

しかし、自我論に対するこのような態度には、パラドックスの気味がある。おまえはある種の自己回帰的パラドックスを避けはしたが、そのために別種のパラドックスに陥っているではないかと言われるかもしれない。なぜなら、〈われわれは自分に都合のよい自我モデルを用意し、それを自分の政治や宗教、自分の人生の意味に関する個人的感覚に合うよう自由に作り変えることができる〉ということを、私は前提しているからである。この前提は、さらに、〈人間的自我は本当はどういうものなのか〉ということについては「客観的真理」が存在しないことを前提している。ところが、この前提は、伝統的な種類の形而上学的—認識論的見解に基づいてのみ、正当化されうるように見える。なぜなら、もしそうした見解が何らかの領域に属するとすれば、それは、「何についてては「事実」が存在し、何についてては「事実」が存在しないか」という問いが構成する領域であり、それゆえ、結局私の議論は、哲学の第一原理に立ち戻らざるをえないからである。

ここで私に言えるのは、〈何についてては事実が存在するか〉ということについて、発見可能な事実が仮に存在するとすれば、そのメタ事実を発見するのは間違いなく形而上学ないし認識論である、ということだけである。だが、私の考えでは、「事実」という観念そのものがよい観念でなく、それを持たない方がうまくいくのである。私見によれば、デイヴィドソンやデリダのような哲学者は、〈自然—法習〉、〈それ自体として—われわれにとって〉、〈客観的—主観的〉といった区別は、もう投げ捨ててもよい梯子の段である、と考えるべきもっともな根拠をわれわれに与えてくれた。〈そういった哲学者がこの主張の根拠としたものは、それ自体、形而上学的—認識論的根拠なのか〉、〈もしそうでないのなら、それらはどういった種類の根拠なのか〉——こういった問いは、私には、的外れで不毛な問いに見える。繰り返し言うが、私が依拠する戦略は、〈得ようとする必要があるのは反省的均衡だけである〉——〈信念の正当化には自然の順序は存在せず、議論が辿るべく予定されているようなアウトラインは存在しない〉――と主張する全体論的戦略である。そのようなアウトラインを脱することは、私の見る限り、中心のない網目としての自我観念がもたらす利益の一つである。誰に対して自らを正当化する必要があるかという問い――誰が狂信者であり、誰が答えるに値する人なのかという問い――は、反省的均衡の獲得過程において決せられるべきものとして扱うことができるが、このことも、その自我観念がもたらす利益の一つである。

私は、伝統的な哲学的問いに対して、軽薄な美意識を採用しているように見えるであろう。だが、これを相殺するような一つの主張を行なうことができる。この軽薄さの背後には、ある道徳的目的が存在しているというのがそれである。伝統的な哲学的話題に対する軽薄さの奨励は、伝統的な神学的話題に対する軽薄さの奨励と同じ目的に奉仕する。大規模市場経済の興隆や識字率の増大、芸術ジャンルの急増、現代文化の無頓着な多元主義と同じように、哲学的浅薄さや軽薄さは、世界の魔法を解くのに力を貸している。それは、世界中の人間を、よりプラグマティックに、より寛容に、より自由主義的にし、道具的理性の訴えをより受け入れやすくするのに役立つのである。

もし、われわれの道徳的アイデンティティーが自由主義国家の市民たることにあるとすれば、軽薄さの奨励は、われわれの道徳的目的に役立つことになる。結局のところ、ある道徳的立場をとることは、仲間の市民が道徳的理由からまじめに受け取る事柄をすべてまじめに受け取ることを必ずしも必要としない。それはまったくその反対のことを必要とするかもしれない。それは、仲間の市民をからかって、それらの話題をまじめに受け取る習慣を捨てさせることを必要とするかもしれない。そのように彼らをからかうことに対しては、まじめな理由が存在するかもしれないのである。もっと一般化して言えば、美学は常に道徳の敵だと決めつけてはならない。最近の自由主義社会の歴史の中では、物事を美的観点から見ようとする自発的態度——シラーが「遊び」と呼んだものにふけり、ニーチェが「真面目の精神」と呼んだものを放棄することに喜んで甘んじる態度——は、道徳的進歩の重要な乗物だったのである。

以上で私は、初めに区別した共同体主義者の第三の主張——すなわち、自由主義国家の社会理論は誤った哲学的前提に依拠しているという主張——について、言うべきことをすべて言ったことになる。共同体主義者が自由主義の批判者である限り、共同体主義者はこの主張を捨て、そのかわりに初めの二つの主張のいずれかを展開しなければならない。こう考える理由は、以上の議論ですでに与えられていると思う。ところで、その初めの二つの主張とは、〈民主制度は、前民主主義社会が享受していた共通目的の感覚とは結合することができない〉という経験的主張と、〈それが生み出すものは、その制度導入以前の害悪の排除にとっては、あまりにも高い代償である〉という道徳的主張であった。自由主義を批判する共同体主義者がこれら二つの主張に固執するなら、彼らは最後に物足りなさそうな様子を見せることはないであろう。ところが、彼らの本は決まってそういった様子を見せるところで終わっている。例えば、ハイデッガーは、「われわれは神々にとっては遅すぎ、存在にとっては早すぎる」と言っている。ウンゲルは、隠れた神に訴えることで、『知識と政治』を終えている。マッキンタイヤーは、われわれは「ゴドーのような人物を待っているのではなく、もう一人の――間違いなく非常に異なった――聖ベネディクトを待っているのだ」[44]という言葉で、『アフター・ヴァーチュー』を結んでいる。サンデルは、「〈政治がうまくいけば、一人ではわからない共通の善がわかる〉という可能性」を自由主義者は「忘れている」という言葉で自分の本を結んでいるが、この共通善の候補を示唆してはいない。

私見によれば、共同体主義者は、このように、〈哲学的反省もしくは宗教への還帰によって、もう一度世界に魔法をかけることができるかもしれない〉などと示唆すべきではない。そうではなく、〈世界の魔法を解くことは、結局のところ、われわれに善よりも害をなしたのか（あるいは回避したよりも多くの危険を生み出したのか）〉という問いに、彼らは固執すべきである。デューイにとって、共同的・公的な場での〈魔法解き〉は、個人的・私的な〈精神的解放〉――エマソンがアメリカの特徴をなすと考えたような種類の解放――のためにわれわれが支払った代償であった。デューイは、ウェーバー同様、代償を支払わなければならないことをよく承知していたが、それを支払うだけのことはあると考えていた。人に干渉しないでいられる能力、人々に、それぞれが持っている完成の私的ヴィジョンを、じゃますることなく試させる能力、こういった能力の減少がその代償となる場合には、以前の社会によって達成された善は、回復されるに値しない——これが彼の前提であった。アメリカには、人生の意味に関する見方について、「この見方を現実に移せば、自らの救済をなし遂げる他人の能力を妨げることになりはしないか」と問うことにより、民主主義を哲学に優先させる習慣がある。デューイが賛美したのはこの習慣である。その問いを優先させることは、「当然[自然]のこと」ではない。それは、例えば、「自由主義の文化にはどういった種類の人間が現われるか」というマッキンタイヤーの問いや、「正義を第一に置く人々の共同体は、知らない者同士の共同体以上のものでありうるか」というサンデルの問いを優先させることが「当然のこと」ではないのと同じである。どの問いがどの問いに対して優先するかという問いは、必ず誰もが論証なしに解答を与えてしまう。その恣意性については、誰の場合でもみな同じである。だが、それはつまり、誰も恣意的ではないということである。どの人も、〈自分が最も大切だと思っている信念と願望が、議論の順序において一番最初に来るべきだ〉と主張しているにすぎない。それは恣意性ではなく、誠実さなのである。

デューイの観点からすれば、世界に再び魔法をかけた場合の危険性は、次の点にある。「様々な社会連合体からなる社会連合体」[45]とロールズが呼んでいるもの――その様々な「社会連合体」のあるものは、実際、非常に小さいものであるかもしれない（エマソンはそうでなければならないと言う）――の発展を妨げることになるかもしれない、というのがそれである。なぜなら、ある世界の在り方に魅せられながら、同時に他のすべての在り方について寛容であることは、難しいことだからである。相対的な危険と不安に関するこのデューイの判断が正しいかどうかについては、私は論じなかった。私が論じたのは、単に、そうした判断は自我論を前提しないし、また自我論を支えているわけでもない、ということだけである。また、啓蒙主義の「腐蝕性の理性」が最終的には自由主義的民主国家を失敗に導くというホルクハイマーとアドルノの予言についても、私は論じなかった。

この予言については、一つだけ言っておかなければならない。自由主義的民主国家の崩壊は、それ自身、〈最も大切な事柄について何らかの意見が広く受け入れられていなければ――宇宙におけるわれわれの場所とこの世でのわれわれの使命に関して共通の考え方がなければ――人間社会は存続しえない〉という主張に対して、ほとんどそれを証拠立てるものとはならない。人間社会はおそらくそうした条件下では存続しえないであろう。だが、民主国家が結局崩壊するとしても、そのこと自体が、この考えが正しかったことを示すわけではないのである。それは、〈人間社会には王や確立された宗教が必要だ〉とか、〈政治的共同体は小さい都市国家の外では存在しえない〉とかいったことを、そのことが示すわけではないのと、同じことである。

ジェファーソンとデューイは、どちらも、アメリカを一つの「実験」と考えた。もしその実験が失敗すれば、われわれの子孫は大切なことを学ぶであろう。だが、その場合、彼らは宗教的真理を学ぶのではない。それと同じように、彼らは哲学的真理を学ぶわけでもない。彼らは、次の実験を行なうときに何に注意しなければならないかということについて、ヒントを得るだけである。民主主義革命の時代から存続しているものがほかにないとしても、〈社会制度は普遍的・非歴史的秩序を具体化しようとする試みではなく、むしろ共同で行なう実験と見なしうるものだ〉ということは、彼らの記憶するところとなるであろう。この記憶が持つに値しないということは、信じ難いことである。[46]

注

(1) *The Writings of Thomas Jefferson*, ed. Lipscomb and Bergh (Washington, 1905), II, p. 217 ("Notes on Virginia," Query XVII).

(2) ジェファーソンは、このよく知られた聖書の主張に関する言明を、(ミルトンが『アレオパギティカ』で言い換えたような形で)宗教的自由に関するヴァージニア法の前文に含めた。*Writings*, II, p. 302 の次の箇所を参照されたい。「……真理は偉大であり、それ自身の力によって勝利するであろう。……それは誤謬に対する本来の十分な敵対者であり、人間が介入してその自然の武器——自由な議論や論争——を奪うことのない限り、衝突を恐れることはない。真理が誤謬を自由に論駁できる場合には、誤謬は危険なものではなくなるのである。」

（3）Max Horkheimer and Theodor W. Adorno, *Dialectic of Enlightenment* (New York, Seabury, 1972), p. xiii.

（4）「啓蒙主義にとって、計算と効用の規則に従わないものは疑わしい。それがいかなる外部の抑圧にも煩わされずに発達しうる限り、それを抑えることはできない。その過程において、それは、人権というそれ自身の観念を、それよりも古い普遍を扱う場合とまったく同じ仕方で扱う。……啓蒙主義は全体主義的である。」(*Dialectic of Enlightenment*, p. 6) このような考え方は、自由主義的民主国家の現状に関する共同体主義的説明に、繰り返し現われる。例えば、Robert Bellah, Richard Madsen, William Sullivan, Ann Swidler and Steven Tipton, *Habits of the Heart : Individualism and Commitment in American Life* (Berkeley, University of California Press, 1985), p. 277 の次の箇所を参照されたい。「〈近代〉の約束がわれわれの手をそっとすり抜けていくような感じが、広く持たれている。迷信と暴政からわれわれを自由にしたはずの啓蒙と解放の運動は、二〇世紀には、〈イデオロギー的狂信と政治的抑圧が例を見ないほど極端化した世界〉を出現させた。」

（5）Charles Taylor, *Philosophy and the Human Sciences* (Philosophical Papers : Vol. 2 ; Cambridge, Cambridge University Press, 1985), p. 8.

（6）Taylor, p. 5.

（7）John Rawls, "Justice as Fairness : Political not Metaphysical," *Philosophy and Public Affairs*,

XIV (1985), p. 225. 宗教的寛容はロールズの著作の中で常に繰り返されているテーマである。以前、*A Theory of Justice* (Cambridge, Mass., Harvard University Press, 1971), p. 19 で、正義論が考慮し体系化しなければならない共通意見の例を挙げたとき、彼は、宗教的不寛容は正義にもとるというわれわれの確信を引き合いに出した。また「秩序ある社会は不正を行なおうとする人間の傾きを排除あるいは少なくとも制御する傾向を有する」という事実の例として彼が二四五頁で挙げているのは、「闘争的で不寛容な宗派はあまり存在しそうにない」ということである。もう一つの適切な箇所としては、神の愛を「支配的善」たらしめようとしたイグナティウス・ロヨラの試みに関する五五三―五五四頁での次のような診断がある。「われわれのあらゆる目標を一つの目的に従属せしめることは、厳密に言えば、合理的選択の原理を犯すものではない。……だが、それでもなおそのことは、われわれには不合理に、否それ以上に、狂気の沙汰のように思える。」(この診断については後で論じる。)

(8) **Rawls,** *op. cit.*, **pp. 225-226.** 〈そういった条件では多くの哲学的見解が存続しないであろう〉という示唆は、〈民主制度を採用すれば「迷信的」な宗教的信念は次第に死滅していくであろう〉という啓蒙主義の示唆と類比的である。

(9) *Op. cit.*, p. 230.

(10) *Op. cit.*, p. 230.

(11) ロールズの歴史主義については、例えば *A Theory of Justice*, p. 547 を参照されたい。原初状態にある人々は、「制度は固定されているのではなく、時とともに変化する――すなわち自然環境や社会集団の活動・抗争によって変えられる」という事実を含めて、「社会に関する一般的事実」を知っているものと仮定される、と彼はその箇所で言っている。彼は、「封建制やカースト制の中にいる」人々、フランス革命のような出来事を知らない人々を、正義の原理の原初の選択者から排除するのに、この主張を用いている。この一節は、〈少なくともロールズの後の仕事に照らして読めば、〉〈ヨーロッパの心に最近入ってきた多くの知識が無知のヴェールの背後にいる者の心の中にある〉ということを明らかにする多くの箇所の一つである。別の言い方をすれば、〈ヴェールの背後にいる正義の原理の原初の選択者は、ある近代的な人間類型を例示しているのであって、非歴史的人間本性を例示しているのではない〉ということを、そうした箇所は明らかにしているのである。また、五四八頁におけるロールズの次のような発言を参照されたい。「もちろん、必要な[正義の]原理がどのようなものであるかを明確にするには、常識と現存する科学上の合意とが認めているような、現在の知識に依拠しなければならない。確立された信念が変化するように、それを選ぶのが合理的と思われるような正義の原理も、同様の仕方で変化しうるのである。われわれはこのことを認めなければならない。」

(12)　この「反啓蒙主義的」な考え方を最近別の形で言い表わしたものとして、Bellah et al., *Habits of the Heart*, p. 141 を参照されたい。啓蒙主義のレトリックに固執すること、テイラーが「近代独自の」ものと見なした人間の尊厳に関する考え方が支配的であること、こういったことから引き起こされる諸問題に関する著者たちの見解については、二一頁における次のような発言を参照されたい。「われわれのほとんどにとって、自分の欲するものをいかにして得るかを考えることの方が、自分の欲すべきものを正確に知ることよりも容易である。それゆえ、ブライアン、ジョウ、マーガレット、ウェイン[著者たちがインタビューしたアメリカ人の幾人か]は、成功の本性、自由の意味、正義の要件といった類いのものをどうやって自力で定義すべきかについて、各人各様に困惑を見せている。それらの困難は、彼ら——とわれわれ——が共有している道徳的談話の共通の伝統の諸制限によって、ある重大な仕方で生み出される。」これを二九〇頁の次の発言と比較されたい。「……アメリカ人が自己理解を行なうのに用いる主たる言語は個人主義の言語であり、この言語が人々の考え方を制限している。」

私の考えでは、*Habits of the Heart* の著者たちは、最近のアメリカ史の中に道徳的進歩が認められることを指摘する箇所——特に公民権運動を論じるところ——で自らの結論を危うくしている。その箇所で彼らは次のように言っている。マーティン・ルーサー・キングは自由のための闘いを「〈ある記憶共同体としてのアメリカ〉という多くのアメリカというアメリカ観の範囲内での政治参加の実践」たらしめた。そして、キングが引き出した反応は、「多くのアメリカ〉人があることを再認識したことに由来する。それは、〈彼ら自身の自我の感覚は、他のある人々——すなわち、必ずしも彼ら自身に似てはいないがある歴史を彼らと共有しており、その人々の正義と連帯への訴えはそれに対する彼らの忠誠を強力に要求するような、そういった人々——との交わりにその起源を持っている〉ということである。」——キングの業績に関するこうした記述はまったく正しいと思われるが、それらは、〈啓蒙主義のレトリックは共同体感覚を回復するのに障害となるだけでなく、少なくともそれと同程度に、その機会を与えもする〉ということを証拠づけるものとして読むことができる。公民権運動は、キリスト教団の言語と、ベラーやその同僚たちが疑念をいだいている「個人主義の言語」とを、あまり無理することなく結びつけたのである。

(13) Michael Walzer, *Spheres of Justice* (New York, Basic Books, 1983), pp. 312 ff. を参照されたい。

(14) Sandel, *Liberalism and the Limits of Justice* (Cambridge, Cambridge University Press, 1982), p. 49.

(15) 最近書かれた未刊の論文で、サンデルは次のように主張している。「〈先行する独立の道徳的秩序に関する真理の追求〉という古典的な意味での哲学は、政治的正義観念の共通基盤を与えることができない」

とロールズは主張するが、この主張は〈そういった秩序は存在しない〉という、議論の余地ある形而上学的主張を前提している、と。このサンデルの主張を別の主張と比較されたい。〈人間が神をどのような名前で呼ぼうと神はそれに関心を持っていない〉という、議論の余地ある神学的主張をジェファーソンは前提していた、というのがそれである。サンデルの主張は私にはこの主張と同じようなものに見える。どちらの告発も正確ではあるが、本当は的を射ていない。ジェファーソンもロールズも次のように答えなければなるまい。「私は自分の疑わしい神学的/形而上学的主張を支える議論を持ってはいない。なぜなら、私にはそうした問題をどう論じたらよいのかわからないし、それを論じたいという気もないからである。私の関心は、そうした問題に対する公的無関心を促進する一方で、それらを私的に論じることにいかなる制限も設けないような、そういった政治制度の維持・創出を助けることにある。」言うまでもなく、この解答はサンデルが提起したい「より深い」問いを避けており、その意味で論点を先取している。なぜなら、論じられるべき問題を決定する場合に政治的根拠に依拠すべきか「理論的」根拠(例えば神学的根拠や哲学的根拠)に依拠すべきかという問いが、答えられぬままになっているからである(哲学者は、自分が廃棄したいと願っているような語彙で言い表わされた問いに対しては、答えるのを避ける必要がある。これについては、この論文の最後のところで手短に論じるが、詳しくは、*Wo steht die Analytische Philosophie heute ?*, ed. Ludwig Nagl and Richard Heinrich (Vienna, R. Oldenbourg Verlag, 1986)所収論文 "Beyond Realism and Anti-Realism" を参照されたい)。

(16) 哲学者は福音書の澄んだ水を濁らせたというルターの見解に、ジェファーソンは同意した。プラトンの「曇った心」を非とするジェファーソンの論争と、次のような彼の主張とを参照されたい。「イエス自身の口から流れ出た教説は、子供にもわかるものである。だが、それに継ぎ木されたプラトン主義の方は、数千の書物をしてもまだ説明されていない。この明白な理由からして、あのたわごとは決して説明できないのである。」(*The Writings of Thomas Jefferson*, XIV, p. 149.)

(17) 「人間本性」という言葉は、ここではロールズがそれに与えているあまり親しみのない意味においてではなく、むしろ、サルトルがそういったものの存在を否定した際の、伝統的な哲学的意味において、使用されている。ロールズは「人格についての考え方」と「人間本性についての理論」とを区別するが、その場合、前者は「道徳的理想」であり、後者は大雑把に言えば、常識と社会科学とが与えるものである。人間本性についての理論を手にすることは、「われわれの社会の公共的知識の現状からして真もしくは十分真と見なされる一般的事実」、言い換えれば、「〈その枠組みに組み込まれた人格の理想や社会の理想〉の実現可能性を制限している」諸事実を、手にすることなのである。("Kantian Constructivism in Moral Theory," *Journal of Philosophy*, LXXVII (1980), p. 534.)

(18) "Justice as Fairness : Political not Metaphysical," p. 223.

(19) 実際にはそれは悪しきことであった。政治を哲学の中心に据え、主観性をその中心から外すような見解があるとすれば、そうした見解は、民主主義に「基礎」を与えると称する見解よりも民主主義の擁護を効果的に行なわしめるとともに、自由主義者が自分自身の政治的土俵の上でマルクス主義者に立ち向かうことをも可能にするであろう。デューイは「何が民主主義の擁護を可能にするか」という問いよりも、「何が民主主義に奉仕するか」という問いの方を、哲学の中心的な問いにしようとした。だが、この明確な試みは、不幸にも無視されてしまった。私はこのことを、近刊の *The Institution of Philosophy*, ed. Avner Cohen and Marcello Dascal (Rowan and Allenfeld) 所収論文 "Philosophy as Science, as Metaphor, and as Politics" で論じるつもりである。

(20)　これは、特定の行為の特定の帰結の望ましさに関する直観と、一般的原理に関する直観との間の、どちらにも決定権のないギヴ・アンド・テイクのことである。

(21)　〈彼は原初状態における選択者の合理性に訴えることによってそうした正統化を行なおうとしている〉というロールズ理解もありえよう。私も最初ロールズを読んだときはそう理解した。ロールズは読者に次のように警告している。原初状態(人生における自分のめぐり合わせや善に関する自分の考え方を隠している無知のヴェールの背後で、競合する正義の原理の内から選択を行なう人々の状態)は、「正義の原理を支持する議論に対して——それゆえその原理自身に対して——課するのが理にかなっていると思われるような制約を、……鮮明にする」のに役立つだけである、と(*A Theory of Justice*, p. 18)。だが、私も他の人々も、この警告に注意を払わなかった。それは一つには、「理にかなっている」には非歴史的基準によって定義される「理にかなっている」と、「啓蒙主義の継承者の特徴をなす道徳感覚に合う」というような意味での「理にかなっている」とがあるからである。先に述べたように、ロールズの最近の仕事は、この両義性の歴史主義の側をきびしく追求するのに手を貸すものである。例えばロールズの "Kantian Constructivism in Moral Theory," p. 572 を参照されたい。そこでは次のように言われている。「……原初状態は、原理を導出するための公理的(ないし演繹的)基盤ではない。それは、民主社会において暗黙の内にもせよ最も持たれやすい人格観念に対し、それに最も適した原理を抜き出すための手続きである。」原初状態に対する言及を何の損失もなくすべて *A Theory of Justice* から排除できるのではないかという思いつきは、魅力的である。だがそれは、カントの『純粋理性批判』を(多くの人が望んだように)物自体に言及せずに書き直せるかもしれないという思いつきと同じような、大胆さを持っている。T・M・スキャンロンは、原初状態における選択者の記述の内から少なくとも〈利己心への訴え〉

に対する言及が排除できることを示唆した。彼は、選択者の動機を記述する際の利己心の観念を、〈利害関係のある者すべてに対する正当化〉の観念に置き換えるよう提案する(Scanlon, "Contractualism and Utilitarianism" in *Utilitarianism and Beyond*, ed. Bernard Williams and Amartya Sen (Cambridge, Cambridge University Press, 1982)を参照されたい)。正当化可能性が歴史的状況に対して相対的であるということは、利己心の場合よりも明らかである。それゆえ、スキャンロンの提案は、ロールズの総合的な哲学的プログラムに対して、ロールズ自身の定式以上に忠実であるように見える。

(22) 特に、動機づけに関係する人間心理の普遍的特徴については、それに関する原理や直観は存在しないであろう。サンデルの考えでは、動機づけに関する仮定は原初状態の記述の一部をなすため、「正義論の一方の端から出てくるものは人格論――より正確に言えば道徳的主体論――の他方の端から出てこなければならない」(Sandel, p. 47)。もしわれわれがスキャンロンに従い(注(21)を参照)、原初の選択者の記述に際して利己心に言及するのをやめ、その代わりに自分の選択を仲間に対して正当化したいという彼らの願望に言及するなら、それによって得られる「人格論」は、現代の自由主義的民主国家の住民に関する社会学的記述でしかないことになろう。

(23) Rawls, "Kantian Constructivism…," p. 519(傍点筆者)。

(24) Sandel, p. 21. そのような連鎖にほかならないものとして自我を考える方が有益だということについては、すでに論じたことがある。"Postmodernist Bourgeois Liberalism," *Journal of Philosophy* LXXX (1983)及び"Freud and Moral Reflection" in *Pragmatism's Freud* ed. Joseph E. Smith and William Kerrigan (Baltimore, The Johns Hopkins University Press, 1986)を参照されたい。サンデルは、ロバート・ノージックとダニエル・ベルの示唆を承けて、〈ロールズは「自我を維持しようとして

結局それを解消してしまう」〉と言っている。これに対して私は次のように答えなければならない。政治的自我を維持するには形而上学的自我を解消するのがよいであろう。もっと直接的な言い方をすれば、自由の優先性に関するわれわれの直観を体系化するためには、自我を、中心も本質も持たない、信念と願望の連鎖にすぎないものとして扱うのがよいであろう。

(25) Sandel, p. 14における次の発言を参照されたい。「ヒューム的相貌をした義務論は、義務論としては失敗するか、それが避けようと決意している〈肉体から分離した主体〉を原初状態の内に再び創り出すかのいずれかである。」

(26) *Ibid.*, p. 19.

(27) *A Theory of Justice*, p. 560.

(28) *A Theory of Justice*, p. 560.

(29) ロールズは、〈自分が行なっているのは道徳性という観念そのものの分析である〉という考えや、社会理論の方法としての概念分析から、明らかに距離を取っている。この点に十分注意する必要がある（*A Theory of Justice*, p. 130を参照のこと）。ある批判者は〈ロールズが実行しているのは「分析哲学」の特徴をなす「還元的論理分析」である〉ということを示唆している。例えばWilliam M. Sullivan, *Reconstructing Rublic Philosophy* (Berkeley, University of California Press, 1982), pp. 94 ff. を参照されたい。その九六頁でサリヴァンは次のように言っている。「還元的論理分析のこの理想は、道徳哲学に関するある考えに正統性を与える。それは〈道徳哲学の仕事は、一言で言えば、道徳的規則の分析を通して、いかなる合理的道徳体系にも適用されなければならない基本要素と指導原理とを発見することである〉という考えである（ここで言う「合理的」は「論理的に整合的であること」を意味する）。」彼は更に続けて、「ノージックとロールズは、古典的自由思想家よりも、人生における歴史と社会的経験の重要性に対して敏感である」と認めている(九七頁)。だが、この譲歩はあまりにも僅かなものであって、誤解を招きかねない。ロールズは方法論的スローガンとして「概念分析」よりも「反省的均衡」の方を進んで採用するが、これによって彼は、*A Theory of Justice* が出る以前に支配的であった認識論に定位した道徳哲学から離れている。ロールズは、「道徳性」を非歴史的本質を有するものとするカント的な考えに対し、ヘーゲルやデューイに認められるのと同じ種類のリアクションを、典型的な形で行なっているのである。

(30) Sandel, p. 17.

(31) *A Theory of Justice*, p. 243 の次の発言を参照されたい。「……良心の自由や思想の自由は、哲学的懐疑論や倫理学的懐疑論に基づけられるべきではなく、また、宗教的関心や道徳的関心に対する無関心に基づけられるべきでもない。正義の原理は、一方の独断論と不寛容、他方の宗教や道徳を単なる好みの問題と見なす還元主義、という二つのものの間の適切な道を、定義するのである。」私の見るところでは、ロールズは「哲学的懐疑論や倫理学的懐疑論」を、〈あらゆるものが「好み」の問題であり、宗教や哲学や道徳でさえもそうである〉という考えと同一視している。それゆえわれわれは、「寛容の原理を哲学そのものに広げよう」という彼の示唆を、「哲学を随伴現象的なものとして捨ててしまおう」という示唆と、区別しなければならない。後者は、哲学的教説を「好み」や「願望充足」や「情動の表現」とする還元主義的説明に支えられている(*A Theory of Justice*, pp. 539 ff. の、フロイト的還元主義に対するロールズの批判を参照のこと)。心理学も、論理学も、その他いかなる理論的学問も、哲学を退けるべきだとする論点先取を犯さない理由を提出することはできない。これは、神学を退けるべきだとする論点先取を犯さないのと同じことである。だが、このことは、〈歴史的経験の一般的進路は神学的な話題を無視する方向にわれわれを導き、ジェファーソンのように神学的語彙を「無意味」(一層正確に言えば「無用」)と認める地点にわれわれを連れていく〉という発言と矛盾しない。ジェファーソンの時代以後の歴史的経験の進路は、近代哲学の語彙の多くがもはや役に立たないとわかるような地点にわれわれを導いたということ、これを私は示唆しているのである。

(32)　*A Theory of Justice*, pp. 261-262.

(33)　「単なる好み」とそれほど「任意的」ではないもの——人間の本性や理性の本性そのものともっと密接に関係しているもの——との対比は、「人権」は伝統的な種類の哲学的基礎を要すると考える多くの人々によって援用されている。私の同僚のデイヴィッド・リトルもその一人であり、彼は私の "Solidarity or Objectivity?" in *Post-Analytic Philosophy*, ed. John Rajchman and Cornel West (New York, Columbia University Press, 1985)を評して次のように言っている。「われわれが(そのとき持っている)ある関心や信念を追求する上でたまたまそれらの社会[われわれの好まない社会]を批判し、圧力を加えたいと思った[にすぎない]場合でも、いかなる自文化中心的な理由からわれわれがたまたまそうした関心や信念を抱いたとしても、そうした社会に対する批判や圧力をローティは認めるように見える。」(Little, "Natural Rights and Human Rights: The International Imperative" 近刊、傍点原著者。)私はこれに対して次のように答えるであろう。リトルの「たまたま……としたいと思う」の用法は、必然的、生得的、普遍的確信(拒否するのが「不合理」であるような確信)と、文化的に決定された偶然的確信という、疑わしい区別を前提している。それはまた、理性、意志、情動のような諸機能の存在をも前提している。これらの機能は、アメリカ哲学におけるプラグマティズムの伝統と、ヨーロッパ哲学におけるいわゆる「実存主義的」伝統とのいずれもが、その地位を弱めようとしているものにほかならない。デューイの『人間性と行為』とハイデッガーの『存在と時間』は、どちらも、「好み」と「理性」の対立を避けるような道徳心理学を提示している。

(34) *A Theory of Justice*, p. 243 の次の箇所を参照されたい。「正義・不正義の感覚を有することは人間の特性をなしており、正義に関する共通理解を有していることがポリスを作るとアリストテレスは述べている。同様に、われわれの議論に照らしてみれば、公正としての正義の共通理解が立憲民主国家を作ると言えるかもしれない。」私が提示しているロールズ解釈からすれば、アリストテレスが公正としての正義という考えを展開したとするのは妄想である。なぜなら、彼の時代以後にわれわれが積み重ねてきたような種類の歴史的経験を、彼はまったく知らなかったからである。もっと一般化して言うなら、〈例えばレオ・シュトラウスのように〉〈ギリシア人は社会生活や社会制度に利用できる多様な選択肢をすでに提出していた〉と考えるのは的外れである。われわれが正義を論じる場合には、最近の歴史に関する自分たちの知識を括弧に入れることには同意できないのである。

(35) Sandel, p. 20.

(36) サンデルが同じ仕方で行なった他の区別も、捨ててしまうことができる。例えば、原初状態に関する主意主義的説明と認識的説明(Sandel, p. 121)、「産物」としての「主体の同一性」と、その活動の「前提」としての「主体の同一性」(一五二頁)、「私は誰なのか」という問いと、それに対抗する「範型的な道徳的問い」である「私は何を選ぼうか」という問い(一五三頁)、こういった区別がそうである。これらの区別はすべて「カント的二元論」の産物として分析されるべきものであり、ロールズは、これを克服したとして、ヘーゲルとデューイを賛えている。

(37) 反デカルト主義という点におけるデューイとハイデッガーのいくつかの類似点については，拙論"Overcoming the Tradition" in Rorty, *Consequences of Pragmatism* (Minneapolis, University of Minnesota Press, 1982)を参照されたい。デイヴィドソンとデリダの類似点については，Samuel Wheeler, "Indeterminacy of French Translation" in *Turth and Interpretation : Perspectives of the Philosophy of Donald Davidson*, ed. Ernest LePore (Oxford, Blackwell, 1986)を参照されたい。

(38) 〈ジェファーソンはそうした議論を決して取り入れなかったわけではない〉ということを，私はデイヴィッド・レヴィンから指摘されたことがある。これは，ジェファーソンが，カント同様，神学とデューイ的な社会実験主義との間の支持し難い中間の立場に立っていることを示すものと思われる。

(39) サンデルは「主体の優位性」を義務論的発想を十分にふくらませるための方途と見ているだけでなく，その正しさの必要条件とも考えている。彼は自分の本の七頁で次のように言っている。「正義の優位性が擁護され，われわれが区別した道徳的意味と基礎づけ的意味という互いに絡み合ったいずれの意味においても正が善に優先すべきであるなら，何らかの形での主体の優位性も擁護されなければならない。」サンデルは，「自我の本質的統一性はすでに正の観念によって与えられている」というロールズの言葉を引用し，これをロールズが「自我の優先」説をとっていることとの証拠と見なしている(Sandel, p. 21)。だが，この文がどういう文脈にはめ込まれているかを考えられたい。ロールズは次のように言っている。

正義の原理と，社会的形態におけるその実現は，われわれの思慮の生じる限界を定める。自我の本質的統一性はすでに正の観念によって与えられている。さらに，秩序ある社会では，この統一性は誰にとっても同じものである。自分の合理的計画によって与えられる善の観念は，誰の場合でも，様々な社会連合体からなる社会連合体としての共同体を規制する，ある一層大きい包括的計画の下位計画である(*A Theory of Justice*, p. 563)。

ここで問題となっている「自我の本質的統一性」は、立憲民主国家の政治意識を持つ市民に典型的に認められるような、道徳感覚と習慣と内在化された伝統とからなるシステムにほかならない。もう一度繰り返せば、この自我は歴史的産物である。それは、カントが啓蒙主義の普遍主義のために要請しなければならなかった非経験的自我とは、何の関わりもない。

(40) これは、〈ロールズは「目標を基盤とする」社会理論を拒絶する〉というドゥウォーキンの主張が持っている真理の核心である。だが、だからと言って、ロールズは「権利を基盤とする」理論に立ち帰るのだと考えるべきではない。

(41) だが、この論点を強調しすぎて、「翻訳不可能な言語」という妖怪を呼び起こしてはならない。ドナルド・デイヴィドソンが言っているように、信念や願望に翻訳を可能にするほどの十分な重なりがなければ、他の有機体を現実の言語使用者として(あるいは言語使用の能力を有する者として)認知することはできない(し、したがってそれを人格として認知することができない)であろう。有効なコミュニケーションを頻繁に行なうことは、合意の必要条件にすぎず、十分条件ではない。論点は単にこれだけである。

(42) さらに言えば、そのような結論は政治の場合に限られる。それは、これらの人々の論理規則に従う能力を疑うものでも、他の多くのことを上手に行なう能力を疑うものでもない。したがって、それは「不合理」という伝統的な哲学的非難と等価ではない。なぜなら、〈ある真理を「見る」ことができないということは人間の機能一般にとって不可欠の器官を欠いていることの証拠である〉ということを、その非難は前提しているからである。

(43) 先に言及したキルケゴールの『哲学的断片』の中では、プラトンの想起説が次のような仕方で扱われている。すなわち「ソクラテス主義」の正当化の原型として、それゆえバーナード・ウィリアムズが最近「合理性に関する合理主義説」と呼んでいるもの――人は普遍的に受け入れられた基準(その正しさと適用可能性をすべての人間が「自らの心胸の中に」見出すことのできるような基準)に訴えることができる場合にのみ合理的であるという考え――のすべての形態(特にヘーゲルのそれ)の象徴として、扱われている。「真理は偉大であって、勝利する」という聖書の考えが「新たな存在」というパウロ的観念から(キルケゴールが拒んだような仕方で)切り離されている場合には、この想起説がその考えの哲学的核心をなしている。

(44)　Jeffrey Stout, "Virtue Among the Ruins: an Essay on MacIntire," *Neue Zeitschrift für Systematische Theologie und Religionsphilosophie*, vol. 26 (1984), pp. 256-273 特にその二六九頁における、この結論の多重的多義性に関するスタウトの議論を参照されたい。

(45)　これは、*A Theory of Justice*, p. 527 に出てくるロールズの「(公正としての正義に対応する)秩序ある社会」の定義である。サンデル(pp. 150 ff.)は、こういった箇所をメタファー的であるとし、「心の中で争ってある相矛盾する主張がつい表に現われてしまったかのように、間主観的イメージと個人主義的イメージとが、ぎこちない、ときには不適切な組み合わせとなって、現われてくる」と不満をもらしている。「強い意味における共同体の道徳的語彙は、[ロールズが自分のはそうであると言っているような]「その理論的基盤においては個人主義的な」考え方によって、必ずしも取りおさえることはできない」というのが、彼の結論である。私が主張しているのは、それらの主張が相矛盾するように見えるのは、それらの哲学的前提を定義しようとする(これはロールズ自身ときにはやりすぎたことかもしれない)場合に限られ、したがって、そういった試みは行なわない方がよい、ということである。〈社会的主張を有する神学的前提を鋭いものにしようとするのは、善よりも害をなすものであり、神学を端的に放棄することができないなら、少なくともそれをできるだけぼやけたままに〈あるいは「自由な」ままにと言ってもよい〉放置しておくべきだ〉という啓蒙主義の見解と比較されたい。オークショットは国家が健全であるための理論的混乱の価値を強調するが、これはまさしく当を得ている。

別の所でロールズは次のように主張している。「個人主義というものが、個人を導いて、自分自身の道を求め、他人の関心事に何の関心も持たせないようにする生き方のことであるなら、秩序ある社会が何よりもまず個人主義的諸価値を奨励しなければならない理由はない。」(*Philosophical Review* 84 (1975), p. 550) サンデルはこの箇所を論じて、それは「ロールズの考え方がどのようなより深い意味で個人主義的であるかを示唆している」と言う(Sandel, pp. 61 ff.)が、この示唆を正しいとする彼の議論はまたしても「ロールズ的自我は所有の主体であるだけでなく、予め個体化された主体でもある」という主張でしかない。この主張こそ、〈「ロールズ的自我」なるものはなく、ロールズは「人格論」を欲したり必要としたりしない〉と主張することによって、これまで私が反対し続けてきたものにほかならない。「どの個人もただ一つの願望システムからなることを」ロールズは「当然のこととしている」とサンデルは言う(六二頁)が、この主張の証拠をテクストの内に見出すことは困難である。ロールズが、各市民をただ一組の願望を持つものと想像することによって、自分の説明を単純化する場合もないではないが、単純化のためのこうした想定は、彼の見解の核心をなすとは思われない。

(46) 本論文の草稿への論評に対し、デイヴィッド・レヴィン、マイケル・サンデル、J・B・シュニーウィンド、A・J・シモンズに感謝する。

VI　プラグマティズム・デイヴィドソン・真理

一　慎みは金

自分の真理論は、「文と比較すべきいかなる存在者も与えず」、したがってそれは、「控え目な意味」でのみ「対応」説であると、デイヴィドソンは言っている。(1) また、「真理と知識の整合説」という彼の論文は、「つき合わせなしの対応」をスローガンとしている。(2) このスローガンは、彼が「図式と内容の二元論」と称するもの――つまり、「心」とか「言語」とかの類いは、世界に対して「適合」とか「組織化」とかいった関係を持ちうるという考え――を拒絶するのに呼応している。こうしたデイヴィドソンの教説は、プラグマティズム、つまり、二元論の正体暴露とそれが生み出した伝統的諸問題の解消とを専らにしてきたある運動を、想起させる。デイヴィドソンの仕事がクワインの仕事と密接な関係を持ち、クワインの仕事がデューイの仕事と密接な関係を持つことからすれば、デイヴィドソンはアメリカのプラグマティズムの伝統に属しているると考えたくなるのも、無理からぬことである。

しかし、自分は経験論の伝統とは手を切るが、だからといってプラグマティズムの立場を採るわけではないと、デイヴィドソンは、はっきり主張している。(3) 彼の考えでは、真理を主張可能性と、あるいは理想的条件下での主張可能性と同一視するのが、プラグマティズムである。かかる同一視がプラグマティズムの本質をなすのなら、確かにデイヴィドソンは、反経験論者であると同時に、反プラグマティストでもある。なぜなら、そうした同一視は、容認しがたい二元論の、「図式」面を強調することでしかなく、伝統的経験論に代表される「内容」面の強調を、それに置き換えるだけのことであろうから。デイヴィドソンは、真理が何かと同一視されるのを望んでいない。また、文を、〈何ものかによって「真ならしめられる」もの〉と見ることも、望んではいない(その「何ものか」が、認識者や話者であろうと、「世界」であろうと、彼の見解は変わらない)。彼にとっては、言語の諸部分と言語ならざるものの諸部分との関係を分析するような「真理論」は、それだけですでに、誤った道を歩んでいることになるのである。

だが、この最後の消極的主張に関する限り、デイヴィドソンの見解は、ウィリアム・ジェイムズの見解と同じである。〈いかなる伝統的真理論も、かかる特殊な関係の「個々の成就(4)」を説明するところまでいったためしがなく、そうした探究には成功の見込みがない〉と、ジェイムズは考えた。彼の見解では、例えば知覚的真理、理論的真理、道徳的真理、数学的真理のいずれに対しても中立的であるような「対応」概念は、理解不可能なものであった。彼は、「単なる思考上の便法」としての「真なるもの」で良しとすべきだと提案した。(5) 批判者たちが、「真理は役に立つから真なのではない、真であるから役に立つのだ」と声を揃えて主張したとき、ジェイムズは、自分の言いたいことが理解されていないと思った。彼が言いたいのはこうである。「真なり」という言葉は、何らかの現存する事態――つまり、〈真なる信念を持つ者はなぜ事をなすのに成功するか〉といった類いのことを説明するような事態――を、指示する言葉ではない。むしろそれは、当該信念を是認するのに使われる、褒め言葉である。対応関係の、言わば微細構造を、哲学者たちは発見することができない。このことから彼は、〈そこには見出すべきものがない〉ということ、言い換えれば、〈真理は説明概念としては使用できない〉ということを、教訓として引き出してくるのである。

不幸なことに、ジェイムズは、この消極的主張だけにとどめておかなかった。時おり彼は、

「正当化された」という概念があれば、「真理」という概念は不要である

という誤った前提から、

「真なり」は、「正当化されうる」といった類いのことを意味するに違いない

という結論を導き出したりもしている。これは、

われわれは対応としての真理という概念を理解しえない

ということから、

真理は理想的整合性に存するに違いない

という結論を導き出す、観念論的誤謬の、一形態であった。この誤謬は、〈「真なり」は定義を要する〉と決めてかかり、次に、〈「真なり」は信念と信念ならざるものとの関係によっては定義できない〉という事実から、〈それは信念間の関係によって定義されねばならない〉という見解を導き出すことにある。しかし、ヒラリー・パトナムが「自然主義的誤謬」の議論において指摘したように、「それはXではないが真かもしれない」ということは、人がXに何を代入しようとも、常に理解可能なのである(これは、G・E・ムーアが「善い」について主張したのと同じことである)。[6]

われわれは、ジェイムズが時おり犯したこの誤謬を、真理を「探究の終着点」という観点から定義しようとするパースの不幸な試み(これについては後に詳述する)とともに、無視することにしよう。そして、ジェイムズの消極的主張――つまり、「対応」概念の論駁――だけを追い、彼が時おり行なった、真理について建設的なことを言おうとする試みの方は、忘れることにしよう。そうすれば、建設的な「プラグマティズムの真理論」とは無縁の、〈真理に関する伝

統的問題構制の解消〉ということだけからなるような、そういった「プラグマティズム」の語義が、抽出できることになるであろう。この解消は、〈「真なり」には説明的用法はなく、次のような用法があるだけである〉という主張から、出発することになる。

(a)　是認的用法

(b)　警告的用法——「Sという君の信念は、完全に正当化されはするが、おそらく真ではないであろう」といった類いの発言に認められるもの。正当化されるとされる信念に対して相対的であり、その信念以上によいものではないということ、そして、そのような正当化は、〈Sを「行為規則」(パースの行なった「信念」の定義)とした場合には物事がうまくいく〉ということを保証するものではないということ、こういったことを、この用法は思い出させる。

(c)　引用符消去的用法——「「S」は……であるとき、かつそのときにのみ真である」という形の、メタ言語的な事柄を述べるためのもの。(7)

ジェイムズは、「真なり」の警告的用法を無視してしまった。引用符消去的用法についても、同じである。前者の無視は、プラグマティズムを相対主義と結びつけることになった。また、〈タルスキが、〉引用符消去的用法と「対応」概念とを、誤解を招くような仕方で結びつけたことによって、〈「対応」概念には、ジェイムズが解した以上のものがあったに違いない〉とされるようになった。私見によれば、これらのいずれの用法をも容れるとともに、〈信念の効用は真理によって説明できる[信念が役に立つのはそれが真だからである]〉という考えをさし控えるのが、デイヴィドソンの提示する真理の説明である。

デイヴィドソンとジェイムズが、いずれもプラグマティストであるとした場合、次のテーゼを堅持する立場が「プラグマティズム」ということになる。すなわち、

(1) 「真なり」は説明的用法を持たない。

(2) 信念と世界との間の因果関係を理解すれば、信念と世界との関係について知るべきことを、すべて理解したことになる。「に関する」とか「について真」とかいった言葉をいかに適用するか――これに関するわれわれの知識は、言語行動に関する「自然主義的」説明の副産物である。[8]

(3) 信念と世界との間には、「真ならしめられる」という関係はない。

(4) 実在論と反実在論との論争は、無益である。なぜなら、そのような論争は、信念は「真ならしめられる」という、空虚な、誤解を招く考えを、前提しているからである。[9]

こういった定義からすれば、プラグマティズムはいかなる「真理論」も与えない、ということに、注意されたい。それが与えるものといえば、この分野ではなぜ慎しみは金(less is more)なのか――つまり、なぜ治療の方が体系構築よりもよいのか――ということに関する説明だけで

ある。

〈哲学者は、「真理は何に存するか」を「説明」する必要があると考えたが、その理由は、ただ一つ、彼らがある見方に囚われていたからである〉――ジェイムズとデイヴィドソンは、どちらも、このように主張するであろう。彼らが囚われていた見方とは、デイヴィドソンが「図式と内容の二元論」と呼び、デューイが「《主観》と《客観》の二元論」と見なした見方のことである。どちらの見方も、存在論的領域を、信念を含む領域と信念ならざるものを含む領域という、まったく異質の領域に分割する。そうした二つの領域という見方を採るなら、真理は、個々の〈信念〉と、個々の〈信念ならざるもの〉との間のある関係として、思い描くことができる。その関係は、(a)本性上非因果的であり、しかも、(b)認識論的懐疑論者を論駁しうるためには(あるいは彼らに勝ちを譲るためには)、それに先だって「正しく分析され」ていなければならないような関係である。先の(1)から(4)までのテーゼを受け入れることは、この見方を消去し、それによって、伝統的な哲学的二元論――つまり、デューイが消去すべきだとした諸々の二元論――のほとんどを、消去してしまうことにほかならない。それはまた、認識論的懐疑論者の必要とするある見方を捨てて、彼らの懐疑論が、興味深い、論証可能なものとなるのを、妨げることでもある。つまり、認識論的懐疑論者は、自分の懐疑論を、単に世界の不気味さ(Unheimlichkeit)――世界の不可解さの感じ――を追い求める哲学者の営みにすぎないものではなくて、それ以上のものにしようとしているが、(1)から(4)までのテーゼを受け入れることは、その意図を成就するのに必要な見方を、捨ててしまうことなのである。

二　パースの不徹底な処置

〈デイヴィドソンは、本当に(1)から(4)を信奉しているか〉という問題に向かう前に、パースの「探究の終着点」型プラグマティズムについて、述べておく必要があろう。これは、いわゆる「プラグマティズムの真理論」(この名称は、矛盾する教説の寄せ集めに付けられた、誤解を招く、教科書用の名称である)の、近年最も注目されている一形態である。私見によれば、それは、観念論的真理論と物理主義的真理論とを一方の極とし、(1)から(4)を他方の極とした場合の、中間的妥協点を表わしている。

観念論と物理主義は、

(A)　「岩が存在する」は真である

という命題が、

(B)　探究の理想的終着点において、岩が存在するというわれわれの主張が正当化される場合に、しかもその場合にのみ、真であることを、望んでいる。だが、こうした示唆を行なうことによって、それらの立場は、(A)ばかりでなく(B)も、

(C)　岩が存在する

を含意していると言わなければならなくなる。これは逆説的に見える。なぜなら、それらの立場は

(D)　「岩が存在する」は、対応——正確な表象——という関係によって、世界の在り方と繋ぎ合わされている

ということをも主張したいと望んでいるが、〈われわれが行なっている言語ゲームの進展が、それ以外の世界の在り方と何らかの特殊な関係を有している〉とすることに、明確な理由があるとは思えないからである。

観念論と物理主義は、そうした理由を提示しようとする試みである。観念論者は

(E)　世界は、理想的整合性を有する体系の中に配列された、諸々の表象からなる

ことを示唆し、それによって(C)を

(F)　「岩が存在する」は、理想的整合性を持つ表象体系の、一要素である

と分析できるようにする。観念論者は、この指し手を擁護するため、(D)で言われる対応関係は、(「対応」と呼ばれる関係の成否を知るための)主張と対象とのつき合わせによって、その存在が確定されるようなものではありえない〉と言う。そのようなつき合わせがどのようなものであるかは、誰にもわからないのである(そのつき合わせが、テーブルと、テーブルの現前に関

する主張との間に成立する、「習慣的反応」という関係でないことは、明らかである)。真理の唯一の基準は表象間の整合性であり、懐疑論を避けつつ(D)を擁護するには(E)しかない――これが彼らの主張である。

他方、物理主義者たちは、(A)を(D)のように分析し、われわれが行なっている言語ゲームを続行すれば、結局、実在との対応に至るであろうと主張する。なぜそうなるかといえば、言わば、世界がゲームに参加するからである。これは、フリードリッヒ・エンゲルス、ジェリー・フォーダー、マイケル・デヴィット、ジェイ・ローゼンバーグ、ハートリー・フィールドのような哲学者が、共通に持っている見解である。彼らは、観念論者の(E)に見られるような、実在の本性のア・プリオリな発見の可能性を拒絶するが、その一方で、いずれかの経験科学(もしくはそれらすべての「統一された」全体)が、懐疑論者に回答を与えるであろうと考えている。つまり、(B)が真であるための条件と、(C)が真であるための条件との間には、いかなる帰結関係も存在しないが、それらはずっと深いところで結びついている、と言うのである。彼らによれば、この結びつきを発見するのは、意味分析ではない。それは例えば、岩とその表象との間の因果的結びつきをつきとめるような、経験科学の仕事なのである。

当初パースは、観念論の修正主義的形而上学と、物理主義の約束手形との、いずれをも、避けて通りたいと思っていた。彼は、(D)を(B)のように分析することによって、てっとり早い解決を図ろうとした。彼は、懐疑論者を論駁しようという動機を、観念論者や物理主義者同様に持っていた。だが、〈「実在」とは、「何であれ、探究の終着点において、なおその存在が主張されているもの」のことだ〉とさえ言っておけば、それで十分だと考えた。実在のこの定義は、懐疑論者が整合性と対応との間に認めたギャップに、橋をかける。それは、形而上学的体系構築も、更なる経験的探究も必要とせずに、整合性を対応に還元する。つまり、「実在」という言葉を単純に分析し直すだけで、うまく事を運ぼうとするのである。

私は(かつてはそう思っていたが、[10]今は)パース的プラグマティズムが擁護できるとは思っていない。しかし、それを見離す前に、パースは正しい方向に進みつつあったということを、指摘しておきたいと思う。〈観念論者も物理主義者も共にある誤謬を犯している〉とする点で、パース的プラグマティストは正しかった。思想(または言語)の諸部分と世界の諸部分との間に存し、しかも関係項が存在論的に同質でなければならないような、そういった関係の名称として「対応」を扱おうとすること、それが、ここで言う誤謬の内実である。観念論者は、バークリーの論点を一般化して、〈表象に対応するのは表象以外のものではありえない〉と言う。それゆえ、観念論者は、実在を表象からなるものとして記述し直すことにより、われわれを懐疑論から救おうとする。これに対して、物理主義者は、〈空間・時間的実在の断片と対応するのは、適当な因果関係によってそれと結合された、別の断片以外にはありえない〉と考える。それゆえ、物理主義者は、われわれの表象の本性に関する物理主義的説明——つまり、かつてフォーダーが言ったような、真理の対応説が実在に対応することを示すような説明——を与えることによって、われわれを懐疑論から救おうとする。パース主義者は、〈「に関する」や「について真」という関係は、まったく異質の関係項を結合することができ、存在論的同質性の問題は、問題にしなくてよい〉と言い、これによって、この論争を超越する。[11] 必要なのは、「実在」を、〈ゲームの勝者がそれについて語るところのもの〉と定義し直し、それによって、(B)と(D)がそれぞれに主張している条件が一致する〉ということを、保証することだけなのである。

しかしながら、パース流の定義のし直しには、「対応」とまったく同様の、いかがわしい言葉が用いられている。「理想的」というのがそれである。それをさほどいかがわしくないものにするためには、パースは、ある問いに答えなければならないであろう。それは、「単に疲れたとか想像力を失ったとかいうのではなくて、まさしく探究の終着点にいるということが、どうしてわれわれにわかるのか」という問いである。この問いは——「〈規約上正しいとされている反応を、刺激に対して行なっている〉だけでなく、確かに実在に対応している〉ということが、どうしてわれわれにわかるのか」という問いと同様に——厄介なものである。探究の漸近的収斂を探り当てることができるなら、「探究の終着点」というパースの考えは、確かに意味をなすであろう。しかし、そのような収斂は、局所的かつ短期的現象のように思われる。[12]「理想的」ないし

「終着点」ということに関するそうした解明がなされなければ、パース主義者は、(B)と(D)の主張する条件が一致することを、ただ主張しているばかりで、その理由を示したことにはならない。また、その理由がどこにあるかということも、明らかではない。

　観念論者と物理主義者の形而上学的論争を動機づけていた、認識論的問題構制に対し、それを破壊する方向に、パースは半分まで進んだ。彼は、これを行なうのに、「心」を無視し、「記号」に専心するというやり方をとった。だが、彼が進んだのは、半分だけであった。なぜなら、相変わらず、〈(D)はどんな哲学者でも受け入れなければならない直観である〉と考えていたからである。これに対して、ジェイムズは、〈「について真」は、存在論的に同質な関係項の間の関係でないばかりか、そもそもまったく分析不可能な関係であり、信念と信念ならざるものの関係に関する科学的記述や形而上学的記述によって、解明できるような関係ではない〉と言い、この発言によって、残りの道程を進むことになった。彼は、(B)と(D)の主張する制約が一致すると言うことには根拠がないと考えて、簡単に(D)を捨ててしまい、それとともに、認識論的懐疑論の問題構制を捨ててしまった。そして、そのことによって、〈その問題構制を興味深く思わせるのは、環境に対するわれわれの相互作用の自然主義的説明を、自然主義的でない説明(すなわち、有機体とその環境とを媒介するある第三のもの――「心」とか「言語」とか――に依拠する)によって補完しようとする試みだけである〉というデューイの議論のために、舞台を設定したのである。

三　デイヴィドソンとフィールド言語学者

(1)から(4)をデイヴィドソンに帰することは、どのようにして正当化されるであろうか。彼はいろいろなところで(3)を主張した。しかし、(4)を彼に帰するのはおかしいと思われるかもしれない。なぜなら、彼はしばしば、原型的「実在論者」として扱われてきたからである。(2)もまた、デイヴィドソン的ではないように聞こえるかもしれない。というのは、彼は意味論における最近の「因果説」と、何ら交渉を持たなかったからである。さらに、彼とタルスキとの結びつき、それにタルスキと「対応」概念との結びつきからすれば、彼がプラグマティスト集団の新メンバーであるというのは、ありそうにない話だと思われるかもしれない。なぜなら、「実在との対応」という観念全体を捨てる場合にのみ、われわれは疑似問題を避けることができるのであり、この主張こそが、私の定義したプラグマティズムの核心をなしていると言えるからである。

それにもかかわらず、〈プラグマティズムの四つのテーゼは、どれもデイヴィドソンに帰せられるべきだ〉と主張することを、私は提案したい。この主張を擁護するため、私は、「フィールド言語学者の言語哲学」なるものの説明から、始めたいと思う。これこそ、デイヴィドソンの言語哲学（特に、真理に関する教説）のすべてであり、彼が、誰にとっても必要だと考えているもののすべてである。

認識論的懐疑論者への回答を求める伝統的哲学者と同じように、デイヴィドソンも、われわれの言語ゲームの外に出て、離れた所からそれを見るよう求めている。しかし、彼の提示する外部の立脚点は、〈信念と信念ならざるもの〉の、科学にはわからない、思いもよらない存在論的同質性〉を求めようとする、観念論者の形而上学的立脚点ではない。あるいはまた、将来の科学がそうした同質性を発見することに期待をかける、物理主義者の希望に満ちた立脚点でもない。むしろそれは、われわれの言語行動を理解しようとするフィールド言語学者の、世俗的な立脚点である。伝統的真理論が「世界のどのような特徴が『真なり』によって指示されるか」を問うたのに対して、デイヴィドソンは「言語ゲームを外部から観察する者は、『真なり』をどのように使用するか」を問おうとするのである。

クワインは、分析／綜合の区別を廃することによって、「言語哲学の、まじめな学問としての地位を守った」[13]、とデイヴィドソンは言う。これは確かにその通りである。その区別の廃止に関するクワインの最良の議論は、〈その区別はフィールド言語学者には役に立たない〉というものであった。デイヴィドソンはこの議論をさらに進めて、ダメットとクワイン自身には申し訳ないが、〈原住民が反応する物理的対象と、彼らの神経刺激との間の区別も、これまた役に立たない〉ということを指摘する。言語学者は、原住民の意味に関する知識——原住民の信念に関する知識に先立って獲得されるような——を、出発点とすることができない。また、観察文の翻訳——原住民の観察文を刺激と釣り合わせることによって、その妥当性が保証されるような——を、出発点とすることもできない。彼は、純粋な整合主義者として対象に接近し、もうこれでよいと感じられるようになるまで、解釈学的循環を繰り返さなければならないのである。

言語学者が続けなければならないのは、原住民が自らの環境との間で行なう相互作用——つまり、言語学者が行為規則(パースによる「信念」の定義)に導かれていると見なす相互作用——の過程で、言語行動が非言語的行動とどのようにかみ合っているかを、観察することだけである。彼は、〈原住民の規則のほとんどは、われわれのものと同じである〉——つまり、〈それらのほとんどは真である〉——という統制原理で身を固めて、このデータに接近する。この原理の後の方の定式は、クワインのある見解を拡張したものである。それは、〈原住民の発話を翻訳すると「pでありかつpでない」となったと主張するような人類学者は、本人がまだいい翻訳マニュアルを作るに至っていないことを示しているにすぎない〉という見解である。デイヴィドソンは、これを一般化して、次のように言う。自分の環境に関する明白な事実のほとんどを否定するものとして原住民を描写するような翻訳は、それだけで自動的に、まずい翻訳と判定される、と。

〈培養槽の中で生き続けてきた脳の談話を翻訳する場合、最もよいやり方は、その脳が実際に置かれている〈コンピューター付き培養槽〉環境を指示しているものとして、その談話を翻訳することであろう〉——こういったデイヴィドソンの主張は、先ほどの論点を、最も鮮明に表わしている。[15] これは、原住民の発言のほとんどを、例えばトロルやデーモンについての発言としてではなく、岩や病気についての発言として解釈するのと、同じようなものであろう。デイヴィドソンは、これに関して、次のように言う。

私見によれば、感覚に関する全面的懐疑論を防ぐのは、〈最も明白で方法論上最も基礎的なケースの場合には、信念の対象がその信念の原因と見なされなければならない〉という事実である。そして、われわれが、解釈者として、それらをかくかくのものと見なさなければならないとすれば、それらは、事実、そのかくかくのものなのである。コミュニケーションは、原因が収斂するところで始まる。つまり、〈あなたの発話は真である〉という信念が、〈私の発話は真である〉という信念を引き起こすのと同一の出来事や対象によって、体系的に引き起こされるなら、両者の発話は同じことを意味していることになるのである。[16]

デイヴィドソンは、この一節で、二つの主張を結びつけている。一つは、〈因果関係は指示と何らかの関係を有しているに違いない〉というクリプキ的な主張であり、もう一つは、〈人が何について語っているかがわかるのは、その人の信念のほとんどがどんな対象について真であるかがわかることによってである〉というストローソン的な主張である。彼は、これらを結びつけるのに、〈全体論的に解釈されるなら――つまり、彼の主張の前に「全体として大抵の場合」というアリストテレスの言い回しを加えるなら――ストローソンの言っていることはその通りである〉という言い方をする。ストローソンの基準を、個々の場合に適用することによって、それが正しいことを確認しようとしても、それは不可能である。だが、自分の翻訳図式を適用し、それに従って指示を割り当ててみた場合、その結果のほとんどがストローソンの基準に合わないということになれば、その図式にはひどくまずいところがあるということにならざるをえない。ストローソンとクリプキを媒介する要素は、〈因果関係に関する知識と指示に関する知識は、いずれも（同じように）、フィールド言語学者自身の信念との整合性に関わる〉という、クワイン的な洞察にほかならない。

先述のテーゼ(2)は、クリプキ的な仕方ででも、デイヴィドソン的な仕方ででも、解釈することができる。前者の、指示の建築ブロック的アプローチの場合には、われわれは、対象から個々の発話行為へと至る、因果的な進路を辿ろうとする。このアプローチは、話し手が（例えば何が存在するかについて、ひどく誤った見解を持つことによって）その進路をまったく誤ったものにしてしまい、そのため、自分が何を指示しているのかまったくわからなくなるという可能性を開いている。これは、指示対象と志向対象とがまったく乖離してしまう可能性――まさしくデイヴィドソンが警告するような、図式と内容とのギャップの可能性――を、許すものである。これとは対照的に、デイヴィドソンが提案しているのは、先ず整合性と真理を最大にし、それから指示がどのように落ち着くかを見ることである。これは、多くの信念――デイヴィドソンが「最も明白なケース」と呼んでいるもの――において、その志向対象がその信念の原因でもあるということを、保証する。クリプキ的逸脱(例えばゲーデル／シュミットのケース)は、例外でなければならない。なぜなら、指示されるものと志向対象との分裂を通例のことと見なすなら、「指示」概念を、まったく内容空疎なものにしてしまうことになるだろうからである。つまり、その場合には、その概念は、「分析的」の場合と同じように、フィールド言語学者には必要のないものになってしまうであろう。言語学者に原住民の志向対象のほとんどがわかっているとすれば、(つまり、原住民の行為規則のほとんどについて、それがどの対象を扱うのに適しているか、原住民の信念のほとんどについて、それがどの対象について真であるかが、彼にわかっているとすれば、) 彼は原住民とコミュニケートすることができる。だが、〈こうしたコミュニケーションは「本当の」コミュニケーションではない(言葉のやりとりが偶然うまくいったにすぎない)〉という懐疑論的主張は、言語学者にはほとんど理解することができない。これは、〈原住民のある陳腐な発話に「意図された解釈」を施すと、「岩は存在しない」という結果となる〉と示唆された場合に、その示唆が言語哲学者にはほとんど理解できないのと同じことである。

デイヴィドソンは、フィールド言語学者の仕事に関するこの見解を、次のような仕方で、認識論的懐疑論に適用する。すなわち、もし人が、有機体とその環境との間に、何らかの媒介項〈例えば「確定的意味」、「意図された解釈」、「話し手の心の前にあるもの」など〉を措定したりしなければ、その場合には、自ずと根本的解釈が始まることになる。したがって、他のすべての原住民と同じように、われわれも、大抵の場合、真なる信念を持っていることがわかる、というのである。議論はすっきりしているが、それははたして、観念論者や物理主義者が望むように、懐疑論者に答えていることになるであろうか。それともそれは、ジェイムズ的なプラグマティストがするように、〈懐疑論者の問い——「われわれははたして実在を、それ自体としてあるがままに表象するであろうか」——はまずい問いであった〉ということを、懐疑論者に対して言うだけなのであろうか。

懐疑論者は、デイヴィドソンに対して、おそらく次のように答えるであろう。信念が、デイヴィドソンの言うように、「本性上正しい」[17]ということを示すためには、フィールド言語学者に必要なものを説明するだけでは足りず、それ以上のものが必要となるであろう、と。彼らによれば、デイヴィドソンが示したのは、〈原住民は、大抵の場合、われわれが信じているのと同じことを信じていると、フィールド言語学者は仮定しなければならない〉ということだけであって、われわれの信念のほとんどが真であるかどうかは、まだ未解決のままである。これに対して、デイヴィドソンにできるのは、再度〈自ずと根本的解釈が始まる〉と答えることだけである。つまり、もしわれわれが、自分自身の言語ゲームを外から見たいと思うなら、そのとき利用できる視点としては、フィールド言語学者の視点があるだけである――このことを、繰り返し言うことだけである。だが、これこそまさしく、懐疑論者が認めようとしないことである。懐疑論者によれば、デイヴィドソンは、哲学的論点を逸している。デイヴィドソンの外部の立脚点は、言わば、哲学的と見なせるほど外部にあるものではない、というのである。

私に理解できる限りでは、ここでデイヴィドソンにすぐできる回答は、テーゼ(2)が持っている直観的アピールについて、見解を述べることだけである。そのテーゼは、〈信念とそれ以外の実在との関係について知るべきことと言えば、有機体とその環境との因果的相互作用に関する経験的研究から学ぶことだけである〉という、デイヴィドソンがクリプキと共有している、自然主義的テーゼであった。この経験的研究がもたらす重要な成果は、フィールド言語学者の〈民族誌的報告付き翻訳マニュアル〉である。[18] すでにわれわれは、(辞書の中に)自分たちの言語の翻訳マニュアルを持っており、また(百科事典の中に)自分たち自身の民族誌を持っている。したがって、実在に対するわれわれの関係については、すでにわれわれが知っていること以上に、知るべきことはない。哲学がその上しなければならないような仕事が、ほかにあるわけではないのである。このことは、プラグマティストが懐疑論者にずっと言い続けてきたことに、ほかならない。プラグマティストもデイヴィドソンも、同じことを言っている。つまり、もし「対応」というのが信念と世界との間に存するもので、しかも、ほかのものが何も変化しないのに——あらゆる因果関係が同一であり続ける場合ですら——それだけが変化しうるような、そういった関係のことであるとすれば、「対応する」は説明語ではない。このことが、どちらによっても、言われているのである。したがって、もし真理が「対応」と考えられるべきであるなら、「真なり」は、説明語ではない。(2)を局限まで押し進め、クリプキ的な「建築ブロック」指示理論がそれに付加する原子論的諸前提から、それを解放してやれば、その結果は(1)となるのである。

こうして、懐疑論者に対するデイヴィドソンの戦略は、(1)、(2)のいずれをも支持する理由を、彼に与えているように見えるであろう。物理主義者は、「対応」という言葉が指示するものを見出そうとして、(2)に訴える。これに対し、デイヴィドソンは、〈フィールド言語学者のもたらす結果の中には、そうしたものがない〉ということを理由に、捜すべきものなどないと考えるのである。デューイの自然主義と同じように、(そして、スキナーのそれとは違って、)彼の自然主義は、非還元的自然主義である。つまり、〈重要な意味論的用語は、すべて物理的関係を記述しなければならない〉ということを前提しないような、そういった種類の自然主義なのである。[19]

彼の見解によれば、因果関係を研究する理論家(例えば、フィールド言語学者や素粒子物理学者)の使用する言葉には、それ自身は因果関係を表わさないようなものがたくさんある、と推測されるのである。

そうすると、私の解釈では、デイヴィドソンはプラグマティストと一緒になって、〈「真なり」は説明的用法を持っていない〉と言っていることになる。[20] プラグマティズムに対する彼の貢献は、「真なり」にはジェイムズの把えた規範的用法に加えて、引用符消去的用法があるということを、指摘した点にある。伝統的哲学は、これら二種類の用法を一緒くたにし、それらのいずれをも、「対応」という非因果的関係を表わす「真なり」の用法によって、説明しようとした。だが、こういった試みは、この解釈からすれば、言語ゲームの内部と外部に同時にいようとする、混乱した試みということになる。

しかし、デイヴィドソンは、プラグマティストとは違って、懐疑論者の問いを拒絶する者としてではなく、それに答える者として登場する。私の解釈は、この事実を扱わなければならない。「私が採っているような穏健な整合説でさえ、整合的信念は真であると考える理由を懐疑論者に与えるに違いない」と彼は言う。[21] その上彼は、「私が擁護する説は、対応説と競合するものではなく、整合性が対応を生み出すことを示すような議論に基づいて、それを擁護するものである」とも言っている。[22] これではまるで、デイヴィドソンが、前記の(D)のような考えを受け入れているだけでなく、観念論やパース的プラグマティズムのような仕方で、(B)から(D)を演繹すると主張しているようである。彼は、「つき合わせなしの対応」を求めるが、このことは、〈信念を信念ならざるものと比較してそれらが合致するかどうかを知ることはできない〉という見解を、彼がそれらの「主義《イズム》」と共有していることを、示している。しかし、つき合わせが取り去られたとき、対応には何が残ると、デイヴィドソンは考えているのであろうか。彼は、何をもって、懐疑論者が求めるものと考えているのであろうか。彼は、整合性に対応を生み出させることによって、何を懐疑論者に与えるよう、提案しているのであろうか。

彼の言によれば、彼が答えたいと思っている懐疑論の問いは、次のようなものである。——「「整合性以外の何らかの試金石を見出そうとして、自分たちの信念や自分たちの言語の外部に出ようとしても、それは不可能である」とすれば、それにもかかわらず、どうして自分が作ったのではない客観的公共世界について、われわれは、知識を得たり、語ったりすることができるのか。[23]」——しかし、この問いは、われわれにとって、あまり有益な問いではない。これが、ぜひとも答えられなければならない問いとなるのは、〈そういった客観的公共世界について、われわれは、知識を得たり、語ったりすることができる〉ということに関し、それを神秘化するような見解が抱かれている場合だけであろう(例えば、信念と信念ならざるものとの間に存在論的同質性を要求するような見解、あるいは、信念ならざるものに「形を与え」てそれを語りうるものにするような、そういった媒介的「図式」が存在するという見解が、それである)。ここにはやはり答えるべき問題があるはずだと、懐疑論者は言う。だがそれは、整合性と客観性の結びつきが不明確になってしまうような仕方で、「客観的」という言葉を解釈することが、懐疑論者に許されてきたからに違いない。(24) いかなる意味での「対応」が、この不明確さをそのままにしながら、しかも、整合性は対応を生み出すという主張を、デイヴィドソンに許すのであろうか。

デイヴィドソンの考えている「対応」は、事実との対応を説く者が信じているようなものではない。つまり、〈文〉と、〈ある同質性を文と共有する実在のかたまり〉との間に成立するような、そういった関係ではない。このことから、話を始めよう。論文「事実に対して真」の中で、彼はストローソンに同意して、事実――すなわち文の形をとる世界のかたまり――は、懐疑論者の要求に答えない、その場しのぎの工夫でしかないと言う。彼の考えでは、懐疑論者の要求に答えるのは、タルスキの充足概念によって理解可能となるような、もっと複雑な対応概念である。実在に対する言語の対応を、T文の両辺の関係によって表わされるようなものと考えるのではなく、むしろわれわれは、文と世界のマッピングよりも、語と世界のマッピングに注意すべきであると、デイヴィドソンは言う。「それらの中立的な微動だにしない自明の事柄(つまりT文)のすべてを帰結することが確認される、トリヴィアルでない理論」を作成する場合、それに不可欠な語と世界のマッピングが、いかなる制約の下にあるか。このことに、特にわれわれは注意すべきであると、彼は言う[25]。

フィールド言語学者が、原住民の行動の諸原因を推測しようと試み、原住民の信念の真理を最大にするようなT文に到達するまで、十分に長く解釈学的循環を続ける場合に、件の制約が、彼らを導いている。その結果成立する理論は、充足関係によって、原住民の語を、世界の諸部分と結び合わせるであろう。しかし、これらの結び合わせは、翻訳の基盤とはならないであろう。むしろそれらは、翻訳の結果、生み出されるのである。この循環をめぐっていくことは、(指示の建築ブロック説のようなやり方で、)ある「確実な」結び合わせから始めようと試みることを意味しない。むしろそれは、場面文の翻訳に関する推測と、永続文の翻訳に関する推測との間を、ロールズの言う「反省的均衡」のようなものが現われるまで、行ったり来たりすることなのである。

対応は、かつて、「について真」によって記述されると考えられ、今日では、「真理論」において頂点に達する「哲学的分析」によって、明るみにもたらされると考えられている。だが、以上に述べたことからして、T理論中に組み込まれた充足関係によって与えられる、語と対象との間の対応は、そういった種類の対応とは無関係である。したがって、懐疑論者の求める対応が何であろうと、それは、充足に関するタルスキの説明において捉えられるようなものでは

ない。なぜなら、「真なり」は、分析の材料を提供しないからである。デイヴィドソンの言うように、

真理は、信念や整合性と比べれば、美しいほどの透明さを持っており、私はそれを、原始名辞として用いる。真理は、文の発話に適用される場合には、タルスキの規約Tに込められている引用符消去的特徴を示し、その適用範囲を確定するにはそれで十分である。(36)

そういうわけで、われわれは充足を用いて「真なり」を定義することはできないし、また他のどのようなものを用いようとも、それは不可能である。われわれにできるのは、「発話の真理は[デイヴィドソンの言うように]まさしく二つのものに依拠している——つまり、語が何を意味するかということと、世界がどのように配列されているかということとに」というわれわれの直観を、ある仕方で説明することだけである。すなわち、これら二つのものを見出すにはどうすればよいかを説明することと、これら二つの探究は独立にはなしえないことを指摘することによってである。

私の推奨する解釈からすれば、デイヴィドソンが言っているのはこういうことである。すなわち、今引用したテーゼ——語の意味と世界の在り方以外に、真理に関わる第三のものがあるわけではないということ——は、もっともなものであるが、このもっともらしさによって、(D)——つまり、「真理は実在との対応である」という考え——が持っている直観的な力は、最もよ

く説明されそうであるということ、これである。観念論者と物理主義者とパース主義者が維持しようと心がけてきたあの「実在論的」直観を支えているのは、単にこのテーゼだけなのである。しかし、このような解釈では、(D)は、単に、消極的な主張をなすものでしかない。つまり、デイヴィドソンの言い方をすれば、〈「概念図式、事物の見方、視点」(もしくは、意識の超越論的構成、言語、文化的伝統)のような第三のものについて、われわれは悩む必要はない〉という主張をなすものでしかない。それゆえ、私見によれば、デイヴィドソンはまたしても、慎みは金と言っているのである。つまり、対応関係に関するより詳細な知見を求めるべきではなく、むしろ、〈われわれの信念のほとんどが真であるかどうか〉という懐疑論的疑念を起こさせるような第三のものなど、そこには存在しないのだということを、悟らなければならない――こう彼は言っているのである。

そこには第三のものは存在しない。このことは、またしても、フィールド言語学者はそれを必要としない――それゆえ、哲学もまたそれを必要としない――ということを意味している。根本的解釈がどのように機能するかということ、そして、解釈者は、「確定的意味」や「意図された解釈」や「超越論的構想力の構成作用」や「概念図式」のような諸観念を、うまく使うことができないということ、こうしたことを一度理解してしまうと、「実在との対応」という概念は、トリヴィアルな、分析を要しない概念と見なすことができる。なぜなら、この言葉は今や、

「真なり」の文体上の別形に、還元されてしまっているからである。

実際、これがデイヴィドソンの言っていることであるとすれば、懐疑論者に対する彼の回答は、次のようなものであることになる。「君が懐疑論者であるのは、ただ、自分の頭の中にこれらの志向論的諸概念を漂わせており、君と世界との間に架空の障壁を挿入するからである。君が君自身からあらゆる形態の「観念観念」を取り去ってしまうなら、蒙を啓かれた君の心に懐疑論がよぎることは、決してないであろう。」もしこれが、懐疑論者に対する彼の回答であるなら、彼は文字通り、正しい指し手を指しているのだと私は思う。それは、ジェイムズとデューイが幾分ぎこちないやり方で指そうとしていたのと、同じ指し手である。しかしまた、〈自分は、整合性がいかにして対応を生み出すかを示そうとしているのだ〉と示唆する点で、デイヴィドソンには多少誤解を招くところもあったと思われる。〈懐疑論者の問いに答えようとしているのだ〉と言うのではなく、むしろ〈その問いを問えないような話し方を、懐疑論者に提案しようとしているのだ〉と言った方がよかったであろう。〈つき合わせが姿を消せば、表象も姿を消し、それゆえにまた、懐疑論者の懸念と物理主義者や観念論者やパース主義者の希望とをともに可能にしたあの見方も姿を消すのだ〉と懐疑論者に言う方が、よかったであろう。

懐疑論者が放棄すべきあの見方に対して、デイヴィドソンは、「図式と内容の二元論」という特徴づけを、好んで行なう。デイヴィドソンが挙げるこの二元論のあらゆる形態には、二元論の二項の関係が非因果的であるという、共通した特徴がある。「概念的枠組」や「意図された解釈」のような第三のものは、それらが組織化したり意図したりする事物に対して、非因果的関係を有する。それらは、「対応」や「表象」という懐疑論者の諸関係がそうであるように、宇宙の他の一切とは独立に変化する。そこから、ある教訓が引き出される。〈そうした第三のものを持たなければ、われわれは表象として機能する適切なものを持たないことになり、したがって、われわれの信念が世界を正確に表象するかどうかを問う必要もない〉というのがそれである。われわれはそれでもなお、信念を持っている。しかしそれらは、フィールド言語学者がそれらを見る場合のように、外部から(環境との因果的相互作用として)見られるであろうし、あるいはまた、前認識論的原住民がそれらを見る場合のように、内部から(行為規則として)見られるであろう。第三のものを放棄することは、それらを見るための第三の見方――つまり、外部の見方と内部の見方、記述的態度と規範的態度とを、何らかの仕方で一つにするような見方――の可能性を放棄することである。信念を見る場合と同じ見方で――つまり、「概念的枠組」としてではなく、フィールド言語学者の記述する、環境との因果的相互作用として――言語を見るなら、言語を「世界に適合」したりしなかったりするようなものと考えることはできなくなる(どうして「世界に適合」するとかしないとかいったことが言えようか?)。したがって、一度第三のものを放棄すると、表象概念や対応概念を放棄(ないしトリヴィアルなものに)することになり、そのことによって、認識論的懐疑論を定式化する可能性をも、放棄することになるのである。

私のデイヴィドソン理解が正しいとすれば、――彼の行なう物理主義的統一科学への訴え、つまり、プラグマティストのテーゼ(2)に定式化された訴えは別として――〈フィールド言語学者の言語哲学は、われわれに必要なもののすべてである〉という主張を支える彼の唯一の議論は、「概念図式という観念そのものについて」という論文で提出された議論だけである。それは、〈様々な「つき合わせ主義的」メタファーは、面倒を起こすばかりで、あまり益するところがない〉という趣旨の議論である。われわれに何か付け加えることができるとすれば、それは、哲学史から同じ論点に至る議論を――つまり、それらのメタファーを展開しようとした結果、過去の偉大な哲学者は、どのような袋小路にはまり込んだか、ということを示す実例を――引き出してくることだけである。主張の真理[正しさ]と関わりがあるような第三のものは存在せず、「真なり」や「信念」をはじめとして、いかなる言葉の「意味分析」も、成果をもたらさないということ、このことは、経験的な発見とか形而上学的発見とかいったものではないであろう。したがって、デイヴィドソンは、ジェイムズ同様(パースとは違って)、新たな「真理論」を提出しているのではない。むしろ彼は、なぜ〈真理に関する哲学の営みは、かつて必要と思われていたよりも少ない方がいい〉のかということを、われわれに示しているのである。私の解釈では、「整合性は対応を生み出す」という彼の議論は、次の点に帰着する。フィールド言語学者の観点からすれば、〈真理には語の意味と世界の在り方以上のものがある〉ということを示唆するような概念は、少しも必要ではない。したがって、もしわれわれがこの観点を喜んで採用するなら、われわれは信念の本質的な正しさに関して、もはや懐疑論的疑念を抱きはしないであろう。

四　非還元的物理主義者としてのデイヴィドソン

〈フィールド言語学者の哲学は、われわれに必要な言語哲学のすべてである〉という主張に対しては、よく知られた一群の反論がある。それは、マイケル・ダメットによる反論である。だが、これに向かう前に、言い回しの上で若干の表面的な違いはあるものの、デイヴィドソンに非常に近い立場を採っているある哲学者を取り上げ、デイヴィドソンをその人と比較しておくのが有益かと思われる。その、ある哲学者とは、ヒラリー・パトナムのことである。パトナムは、多くのよく知られたプラグマティズム的教説を提示している。彼は、ジェイムズやデューイがしたように、外部の視点――つまり、伝統的認識論者や懐疑論者が採ろうとしたような「神の目の視点」――を得ようとする試みを、揶揄している。しかし彼は、引用符消去的な真理論に直面すると、不安になる。そのような真理論は、彼には還元主義の匂いがする。彼は、それを、ぐずぐずと生きながらえている実証主義、「超越論的スキナー主義」の徴候と見る。彼は、次のように言っている。

電気理論の入る余地はあるが、真理論の入る余地はどこにもなく、主張可能性の諸条件を知ることが、真理に関して知るべきことのすべてである――文字通りこのようなやり方で、真理は電気とは異なるとある哲学者が言うとすれば、私にわかる限り、彼は、単に実在論的な意味においてだけでなく、いかなる意味においても、真理という性質(もしくは正しさないし的確さといった性質)の存在を、否定しているのである。しかし、これは、われわれの思考や主張に対し、それが思考や主張であることを否定することにほかならない。[27]

ここでパトナムは、あることを自明の理としている。Xの本性に関する理論の必要性が否定される場合、その唯一の理由は、〈XはYに「ほかならない」ということがまともな還元主義的な仕方で見出された〉ということにある、というのがそれである。それゆえ彼は、「主張が正しいということはどういうことであり、主張が正しくないということはどういうことであるかについての説明」を、デイヴィドソンが拒絶するとき、その拒絶は、〈真なる主張を規約上受け入れられた音に還元すること〉に基づいているに違いないと考える。[28] この見解によれば、フィールド言語学者の観点を採ることは、行為を運動に還元することにほかならない。しかし、デイヴィドソンは、主張は音にほかならないと言っているわけではない。むしろ彼は、真理は電気とは違って、何ものをも説明しないと言っているのである。

〈真理という性質は説明として役立ちうる〉という考えは〈その性質の現前は、説明を要する〉という考えを生ぜしめる、誤解を招く見方の一つの産物である。これを明らかにするために、次のことに注目したい。それは、「彼がその家を見つけたのは、その家の場所に関する彼の信念が真であったからである」や「僧侶が酸素の本性を理解できなかったのは、燃焼の本性に関する彼の信念が偽であったからである」のような事例に基づいて、「真なり」が説明的用法を持っていると考えるのなら、それは間違いであろう、ということである。今引用した二つの文は、説明ではなくて、説明の約束手形である。それを現金化するには、つまり、本当の説明を得るには、「彼がその家を見つけたのは、その家は……にあると信じていたからである」とか、「僧侶がそれを理解できなかったのは、フロジストンは……だと考えていたからである」とかいった類いのことを、言う必要がある。成功や失敗についての説明は、何が真であったか、あるいは何が偽であったか、ということに関する、詳細な言明によって与えられるのであって、真であることそれ自体や、偽であることそれ自体によって与えられるのではない。これは、ある行為が賞賛に値するものであることを説明するのに、「それはまさしくなされるべきことであった」と言っても説明にならず、それがなされた状況を詳細に述べなければ所期の目的は果せないというのと、まったく同じことである。[29]

もし真理それ自体が何かを説明するとすれば、その被説明項は、真理によって引き起こされうるが、真なる信念の内容によっては引き起こされえないような、そういった何かに関するものでなければならない。デイヴィドソンが消し去ろうと思っている第三のものの機能は、物理的世界の因果秩序の外にある、ある奇妙なメカニズムを提供することにほかならなかった。それは、真理と同一視できるような疑似因果的性質を、持つこともできるし、持たないこともできるようなメカニズムである。したがって、われわれの概念図式は「世界に対して十全である」と言うことは、ある歯車がうまく嚙み合わさっていることを示唆することにほかならないが、その歯車は、物理的なものではないか、あるいは、物理的なものではあっても、因果に関するわれわれの話の他の部分では言及されることのないようなものでしかない。〈われわれの言語ゲームは世界の在り方とまったく関わりを持っていないかもしれない〉——こういったことを懐疑論者とともに示唆するのは、メカニズムの他の部分と繋がっていなくて、空回りしているような歯車のイメージを、呼び起こすことなのである。(30)

パトナムが志向論的概念を嫌うことからすれば、彼は、そうしたイメージに興味を持つべきではなく、また、真理を説明概念と見なそうとすべきではない。しかし、「主張が正しいということはどういうことか」を「説明」すべきだという考えを、彼はいまだに保持しているので、デイヴィドソンが彼の立場から与えることのできるものでは満足せず、それ以上のものを要求する。私の考えでは、彼がこの考えを保持するのは、ある恐れを抱いているからである。それは、われわれの言語ゲームに対する内部の観点――つまり、われわれが「真なり」を褒め言葉として用いるような観点――は、もしそれが「哲学的説明」という支えを持たなければ、何らかの仕方で弱められてしまうのではないか、という恐れである。次の箇所を考察されたい。

もし［音の産出である限りでのわれわれの言語行動に関する］原因―結果記述が、行動科学的観点だけでなく、哲学的観点からしても完全であるとすれば、もし言語について言うべきことが、言語はある因果的パターンに従って音を産出すること（と心の中で音を発することと）に存するとすれば、もし因果的な話が規範的な話であってはならず、しかも規範的な話によって補完される必要のないものであるとすれば、……その場合……われわれが発する音が単なる「われわれの主観性の表現」以上のものであるような事態は、存在しないことになる[31]……。

私が傍点を付した部分は、人々について語るべき話はただ一つしかない――それは行動主義的な話である――と引用符消去主義的真理論者たちが考えていることを、示唆している。しかし、引用符消去主義的真理論者は、なぜ、そうした話を「規範的な話」で補完することを考慮してはならず、また実際それを力説してはならないのか。なぜ、フィールド言語学者の外部の観点の存在を、〈真理の熱心な追求者の内部の観点を決してとらないよう推奨するもの〉と見なさなければならないのか。私の見るところでは、パトナムはまだ、「Xに関する哲学的説明」を、〈他の可能なすべての見方を何らかの仕方で綜合し、外部の観点と内部の観点とを一つにするような通観的な見方〉と考えているようである。

そうした通観的な見方は得られない。つまり、世界に関する形而上学的説明や科学的説明の中で「基礎づける」ことによって、自分たちの規範を支えることは、われわれにはできない。これを主張するところに、とりもなおさず、ジェイムズとデューイの良さがあったと、私には思われる。プラグマティズム、特に、デューイが展開した形のプラグマティズムは、褒め言葉を秘儀的事物の名称と見なすようなプラトン的誤謬を繰り返さないよう、強く求める（その誤謬は、例えば、《善》に関する理論的知識をもっと多く得ることができれば、われわれはもっと上手に善き者となれるであろう、ということを前提している）。デューイは、その還元主義的、科学主義的な在り方、「客観的価値」への欲求に対する無頓着な態度を、プラトン主義的右翼から絶えず批判された。これは、今、デイヴィドソンがパトナムから受けているのと同じ種類の批判である。また彼は、実証主義的左翼からも批判を受けた。「堅い事実」に注意を払わなさすぎる軽薄な相対主義的道具主義者であり、かかる怠慢によって「真理」概念を相対化している、というのである(32)。これは、デイヴィドソンがフィールドのような物理主義者から受けているのと、同じ種類の批判である。

哲学的流行の振り子が現実的な還元主義と高尚な反還元主義との間を無限に往復するのを止めようとする哲学者、つまり、デューイやデイヴィドソンのような哲学者に対しては、常にこういった両面からの批判がなされている。そのような哲学者は、規範と記述は別物であるということを根気よく説明することによって、その振り子を止めようとする。このことは、デイヴィドソンの場合、次のことに帰着する。すなわち、自分の言語に関するタルスキ的真理論の可能性を熟考することによって、「真なり」という言葉がどのように機能するかについての理解が得られるとしても、それは、〈今日は昨日よりも多くの真理をわれわれは知っている〉とか、〈真理は偉大であり、いずれそれが勝利を収めるであろう〉とか言うことによって得られる満足とはまったく関係がない、ということである。〈真理には、引用符消去主義が提供できる以上のものがある〉とパトナムは言うが、この主張は、〈「真なり」という言葉や、われわれが行なう言語ゲームに目を向けると、デイヴィドソンが見たものよりも多くのものが見えた〉ということに基づいているわけではない。それは、むしろ、〈「哲学的説明」という概念にはデューイやデイヴィドソンがありうると考えた以上のものがあってほしい〉という希望に、基づいているのである。

デューイとデイヴィドソンの間のこの類似性は、スティーヴン・リーズが「自然主義的道具主義」という名称の下に定式化した立場によって、補強されるように思われる。「自然主義的道具主義」とは、ある二つの見解を、クワイン的なやり方で組み合わせたものである。一つは、「われわれの理論構成や理論修正の諸方法が、本来、合理的手続きとして受け入れられるのは、観察の予測という目標との関係においてだけである[33]」という見解であり、もう一つは、〈世界は、実際、本当に、今の科学が認めている存在者から成り立っている〉という主張である。リーズの言うように、この新たな「主義」は、(似たような「主義」が、デューイを批判する者たちにそう聞こえたように、) 撞着語法のように聞こえるかもしれない。しかし、そのように聞こえるのは、リーズの言うように、「われわれの理論がなぜ役に立つかを説明するには、真理論が必要である[34]」と考えているからである。言い換えれば、「真理」は説明概念でありうると考えているからである。リーズとアーサー・ファイン[35]は、われわれの予測の成功を説明するのに意味論を用いようとするのは循環である、と指摘した。そうした循環は、われわれの探究の外部と内部に同時にいようとする試みの――つまり、われわれの探究を、運動として記述すると同時に行為として記述しようとする試みの――当然の帰結である。デイヴィドソンが、行為論に関する彼の著作で繰り返し言っているように、これら二つの記述のいずれか一つだけを選択する必要はない。必要なのは、それらを別個のものとして扱い続け、人がそれらを同時に用いようとするのを防ぐことだけである。

五　デイヴィドソンとダメット

フィールド言語学者の哲学は、それだけで十分な言語哲学なのか、それとも（マイケル・ダメットが考えるように、）認識論と結びつき、伝統的な形而上学的諸問題と結びつくような言語哲学が必要なのか。この問いを要約すると、「真理」は説明的性質であるか否か、という問いとなる。

話し手はひそかに意味理論を把握しているはずであるが、そのひそか把握が最終的に話し手の言語使用となり、それゆえ……理論の内容をなすに至るのはいかにしてか――このことを、意味理論は語らなければならないと、ダメットは言う。続けて彼は、次のように言う。

他方、〈零《ゼロ》から始めていかにして言語の意味理論に到達できるか〉ということに関する全体論は、そうした含みを少しも持たず、私の理解する限り、異論の余地のない、ほとんど陳腐なものである。デイヴィドソンが、自分の全体論を、これよりももっと効力のある教説として意図しているのは、確かである。(36)

デイヴィドソンの根本的解釈から得られるものには、意味理論の「内容」――「その言語に話し手が付与する特定のイミ(sense)」――が含まれてはいないとダメットは考える。しかし、私が提出してきたデイヴィドソン解釈では、ダメットが「イミ」と呼ぶものは、デイヴィドソンがわれわれに忘れさせようとしている、第三のものにほかならない。それゆえ、デイヴィドソンの理論の効力は、ダメットが求めているようなものではない。ダメットは、「イミ」の理論を持つ場合にのみ定式化できる問題――例えば認識論的諸問題や形而上学的諸問題――があると考えており、こういった問題に取組むような理論を、彼は求めている。これに対して、デイヴィドソンが求めているのは、フィールド言語学者の目的に役立つとともに、そうした問題とは関わりのない、意味理論なのである。

デイヴィドソンの与えるものでは十分でなく、もっと多くのものが必要である、とダメットは言うが、彼の議論を支えているのは、T文の右辺のメタ言語的な部分の内容を知らなくても、デイヴィドソン的な解釈者の生み出す真理条件の全体を知ることは可能であろう、という考えである。彼の考えでは、「メタ言語が対象言語を包含しているようなT文は、明らかに非説明的」であり、それゆえにまた、「メタ言語と対象言語が互いに素であるようなT文も、同様に非説明的である。[37]」これに対して、どのT文も――どの「中立的な微動だにしない自明の事柄」も――左辺に現われる語を理解することがどういうことであるかをわれわれに語りはしないが、そうした文の全体は、これについてわれわれが知るべきすべてのことを、われわれに語るのだ、とデイヴィドソンは答えるであろう。ダメットは、その答えを、敗北を認めるものと見なす。

彼は次のように言う。

そうした説明によれば、〈何が、一つの語ないし文に関する話し手の理解を構成するのか〉という問いには、答えがないことになる。つまり、言えるのは、真理論の全体に関する知識は、〈言語を話す能力〉と、特に、〈その言語の文を、おおよそT文に対応している諸条件の下で、真なるものとして認知する傾向〉との内に、最終的に現われる、ということだけである。(38)

また、次のようにも言う。

全体としての言語使用の能力を、別個の要素的諸能力に分かつ方法は、原理的にすら、与えられない。(39)

ところで、そうした別個の要素的諸能力の存在を否定するのが、デイヴィドソンの立場の本質であり、またそれは、ウィトゲンシュタインやセラーズの立場の本質でもある。(40)なぜなら、「確定的意味」、「意図された解釈」、「刺激に対する反応」のような第三のものを捨てるなら、全体的なノウハウを要素部分に分かつためのもの――例えば、「それが「赤」と呼ばれるものであることが、どうしてわかるのか」という問いに対して、ウィトゲンシュタインの「私が英語を知っているからだ」という答え方とは違ったやり方で、それに答えるためのもの――は、何も残らないからである。〈個々のT文は、どんな内部構造も模写しておらず、そうした構造を提示しようとする試みは、どんなものでも、第三のもの――つまり、われわれの言葉と世界との間に入る存在者――を再導入するという代価を払うことになるであろう〉――こうデイヴィドソンは主張しなければならないのである。

ダメットは、デイヴィドソンがしようとしているのは「して当然のこと」であると認めておきながら、そうすることは「意味理論に期待して当然のものを、拒絶することだ」と主張する。(41)なぜなら、ダメットの考えるところによれば、経験論的認識論の伝統的諸概念を保持するような意味理論を、われわれは持つ権利があるからである。彼の考えでは、「観察を報告するために文を使用する能力は、当然、〈その文が真であるためには、どのようなことが成立していなければならないか〉ということに関する知識と見なされてよい(42)」のであり、しかもこのことを、そうした意味理論は、認めなければならないのである。

ダメットが、表現の内容把握の範例として挙げるのは、何かが赤いことを観察する場合にわれわれのしていることである。「それは赤い!」と、「シーザーはルビコン川を渡った」、「愛は憎しみよりもよい」、「超限基数が存在する」といった事例との間には、対照があり、十全な言語哲学ならこれを保持しなければならないと、彼は考える。しかし、デイヴィドソンやウィトゲンシュタインの全体論にとっては、そこには対照などそもそも存在していない。彼らの見解では、内容を把握するということは、これらの事例のどの場合でも同じであって、当の文と、

同じ言語に属する他の文との間の推論関係を、把握することなのである。(43)

ダメットは、また、実在論と反実在論に関する問題を、二値性の観点から提起しているが、これを取り上げることによっても、同一の主張をなすことができる。二値性の問題とは、〈言明は、「われわれの知識や認識手段とは独立に、真か偽かのいずれかに定まっている」(44)のかどうか〉という問題のことであるが、ダメットは、これが生じるのは、「われわれの言語のさほど原初的でない層に属する」(45)文を用いてなされる言明の場合だけであると、考えているようである。彼は、「下の方の階」――例えば、「それは赤い！」という言明――の場合には、二値性が確立されているということを疑わない。そのような言明が真であるということは、どういうことなのか――このことを、分節不可能な形で知ってさえいれば、おそらく、赤さに関する実在論者たるに十分であろう。こうしたタイプの言明については、われわれは、強い意味での「実在との対応」を、手にすることができる。なぜ「強い」意味であるかと言えば、〈単にわれわれ自身がその言明を真ならしめるのではなくて、「実在」がそれを真ならしめる〉ということを、われわれは確信するからである。ここでは、われわれは、クワインとダメットが共有する、経験論的イメージを持っている。それによれば、言語は、われわれと実在との間にヴェールとして立ち、実在は、いくつかの感覚受容器の先端のところでのみ、穴をうがって入り込もうとする(あるいは、穴をうがって入り込むのがわかる)。他方、上層に上がれば上がるほど、われわれが世界と接触していることは疑わしくなり、ある存在者に関して、「反実在論者」になろうという気持ちになってくる。つまり、そうした言明の真理を「人間の能力を超越する条件によってではなく、言明を真なるものとして認知するわれわれの能力によって[46]」説明するような意味理論を、受け入れようという気持ちになるのである。

これとは対照的に、デイヴィドソンに従う場合には、実在論者と反実在論者の間の論争に対して、われわれはなすすべを知らないであろう。というのは、その場合には、われわれはいつも実在に触れているように感じるだろうからである。この見解によれば、われわれの言語――すなわち、われわれの言語の使用の間の推論関係の網目と考えられる言語――は、「人間の能力を超越する」ものを隠すかもしれない、「単なる人間的な」ものではない。それはまた、われわれがそうしたものに対応していない場合にも、それに対応していると錯覚するよう、われわれを欺くことのできるようなものではない。反対に、言語の使用は、実在との接触が直接的でありうるのと同じように(例えば、岩を蹴る場合と同じように)直接的である。言語と実在との関係は(個々の蹴りと個々の岩との関係のように)、個別にとり結ばれるものでなければならないと考えるところに――つまり、実在の個々別々のかたまりと接触する、個々別々の要素的諸能力の問題でなければならないと考えるところに――誤謬が生じるのである。

もしそう考えるとすれば、例えばプラトンやダメットに賛成して、〈道徳的価値は本当に「外に」あるか〉という、重要な哲学的問いが存在する、と考えることになるであろう。他方、デイヴィドソンにとっても、善さは外に存在するが、それは、赤さが外に存在するのとまったく同じ、トリヴィアルな意味で、そうなのである。フィールド言語学者は、「それは赤い」を右辺とするT文を見出すのと同じやり方で、「それは道徳的に正しい」を右辺とするT文を見出すであろう。これが、その「トリヴィアルな意味」の内実である。われわれが赤いと見なすものを、原住民はそう見ず、われわれが道徳的に正しいと見なすものを、原住民はそう見ないとすれば、両者の間の見解の相違は、互いの環境(もしくは互いの祖先の環境)の様々な違いによって解明することができる——こう、フィールド言語学者は考えるであろう。

私の結論は、次の通りである。哲学的伝統の論じてきた認識論的問題や形而上学的問題について、これを明確に定式化し直すことを許さないような言語哲学は、ダメットにとっては十全なものではない。ところが、デイヴィドソンにとっては、この能力は、求められているものではない。ジェイムズとデューイにとっては、そのような問題を定式化できないことこそが、求められていたのであった。私は、この後者の一層強い見解を、デイヴィドソンに帰したいと思うが、そのための適当な証拠を手にしていない。そこで、私は、その見解を、彼に推奨したいと思う。なぜなら、私見によれば、〈彼が与える以上の言語哲学を期待する権利がある〉と考えている人々と議論する際には、この治療的な態度を取ることだけが、彼が頼みにできる唯一の方策だからである。もっと特定して言えば、〈ダメットの期待は、対応をつき合わせとして解釈する習慣に由来する〉ということを指摘し、この解釈の不幸な歴史――プラトンからロックを経由してクワインに至る歴史――を証拠として提示すること、このことだけが、彼にできるすべてなのである。結局、その問題は、高度なメタ哲学的水準――つまり、哲学的伝統を見おろして、その価値を判断できるような水準――において、決せられることになりそうである。

六　デイヴィドソン・実在論・反実在論

前節での議論が正しいとすれば、実在論と反実在論とを区別して「実在論」の側にデイヴィドソンを置こうとするダメットの試みは、デイヴィドソンを間違った立場に置いたことになる。真理条件と主張可能性条件の区別の観点から言い表わされたその区別は、マイケル・デヴィットがダメットの「命題的仮定」と呼んだものを受け入れる場合にのみ、哲学的教説を分類するためのもっともな方法に見えるであろう。「命題的仮定」とは、「Lの話し手によるLの文の理解は、その文がかくかくの状況でLにおいて真であるということを、その話し手が知っていることに存する[47]」という仮定である。しかし、デイヴィドソンは、そのような状況を抽出しようとしても無駄であると考える。彼の全体論は、そのような知識を持つという考えそのものを拒むのである。しかし、ダメットは、デイヴィドソン的な「真理条件」に関する、まったく非全体論的な説明を行なう。デヴィットが正しく指摘するように、ダメットは「XはSの意味を知っている」と「Sの意味はSの真理条件である」の二つから、「XはSの真理条件がTCであることを知っている」を推論しようとする。これは、われわれが、「XはSの意味を知っている」を「Sの意味なるものが存在し、Xはそれを直接知っている」と解釈する場合にのみ、可能であるような推論である。(48) そういう解釈を行なうのは、命題的仮定を受け入れる者だけであろう。デイヴィドソンは、それを受け入れないであろう。(49) したがって、彼を、ダメットの言う「真理条件」論者と見なすことはできない。自分の見解の一つの大きな長所は、「意味」のようなものを認めることなく意味理論を与えるところにあると、デイヴィドソンは考えている。彼はクワインに同意して、言語の意味理論は言語行動の経験的研究から出てくると考える。それゆえ、彼こそ、デヴィットに同意し、ダメットに反対して、「人がある言語について持っている命題的知識は、どれも、彼の言語能力以上のもの——つまり、その言語に関する理論形成から得られるもの——である」(50) と最も言いそうな人物だということに、なるであろう。また、デイヴィドソンの全体論と行動主義とを心に留めておくなら、彼は、〈Sを決定的に検証するような状況群の直知を、Sの使用者は典型的な仕方で心に描くことができる〉とは最も信じそうにない哲学者に見えるであろう。

ダメット自身は、(デヴィットの言い方を借りれば)「Sの主張を決定的に正当化する条件が成立しているときに、話し手がその条件をそうした正当化を行なうものとして認知する立場に自らを置くような行動だけが、話し手がSを理解していることを明示しうる行動なのだ[51]」と信じている。それゆえ彼は、デイヴィドソンを解釈し損なう。デヴィットが言うように、このことは、ダメットが「反全体論的認識論」に与することを、表わしている[52]。そうした条件と、そうした認知行為とが、確かに存在するような、よく知られた事例がある(例えば、いわゆる「観察文」がそれである)とダメットは考える。しかし、デイヴィドソンによれば、そういったものは、いずれも、決して存在しない。したがって、例えばテーブルに関する実在論と価値に関する反実在論との間にダメットが認める対照は、デイヴィドソンにとっては意味をなさないのである。全体論者にとっては、真理は言わば、常に証拠を超えている。しかしそれは、Sに関するXの理解は、ダメットが思い描くような種類の認知能力には決して明示されない、ということを、意味しているのである[53]。

ダメットによれば、〈形而上学的見解の相違は、意味論的上昇――古い形而上学的問題を新しい意味論的問題へと押し上げること――によってのみ理解可能となる〉というのが、フレーゲの行なった哲学の言語論化の結論である。これに対して、私の解釈では、デイヴィドソンにとって言語論化の利点と思われるのは、次のことである。すなわち、第三のもの――つまり、われわれと世界との間に入り込むように見え、そのことによって、古い形而上学的諸問題を初めて創り出すことになったもの――を排除するための第一歩は、デカルト的な心を廃することである、ということに気づかせることである。われわれは、最後の一歩を歩み出し、それらの問題を永久に解消することができる。その方法は、これらの問題を定式化するのに用いられた人為的対比――例えば「客観的実在」と「有用な虚構」との対比とか、物理学、倫理学、論理学の各々の対象の「存在論的地位」の間の対比とか――を、言語哲学が復権させることのないようにすることである。デイヴィドソンにとって、クワインの「存在論的コミットメント」の観念も、ダメットの「事実」の観念も、形而上学的思考の不幸な遺物である。それらは、形而上学が図式/内容の二元論を纏め上げるのに用いた諸観念に、属しているのである。

これらの観念は、互いに強化し合う大きな網目を形成するので、その内の一つを決定的なものとして取り出すのは困難である。しかし、この網目の中心をなす観念の候補としての可能性が最も高いのは、プラグマティストのテーゼ(3)で拒絶される観念、つまり、文は「真ならしめられうる」という観念であろう。デイヴィドソンは次のように言う。「証拠として存在するのは、われわれの文ないし理論を真ならしめるのに必要なものだけである。しかし、何ものも、いかなる事物も、文ないし理論を真ならしめるわけではない。つまり、経験も、身体表面の刺激も、世界も、文を真ならしめることはできないのである。[54]」私はこの箇所を、〈Sというわれわれの信念とわれわれの他の信念との間の推論関係は、Sをその対象と結びつける「に関する」

という関係とは特に関係がない〉と言っているものとして、解釈する。言うなれば、証拠力の方向線は、推論の方向線と、平行ではないのである。この平行関係の欠如に対する挙証責任は、認識論的全体論が負わなければならない。前者の線を知ることは、信念を表現する言語を知ることである。後者を知ることは、〈その言語の使用者たちが彼らの発言によって何を意味しているか〉ということに関する、経験的理論——それはまた、彼らと環境との相互作用の中で彼らの言語行動が演じる役割についての話でもある——を手にすることである。

ウィトゲンシュタインが、「意味」と呼ばれる存在者——もっと一般的に言えば、デイヴィドソンの言う、「信念と、その通常の対象との間に介在する」[55]、信念の定着に関わる存在者——に用心せよとわれわれに言ったとき、彼は、古い形而上学的衝動を克服するよう、われわれに手を貸していた。この古い形而上学的衝動こそ、正当化の話と因果的な話とを一つにしたいという衝動である。なぜなら、そうした存在者は、原因であると同時に正当化するものであると考えられているからである。つまり、それは、私がSを信じるのを正当化してくれるような話と、私の言語行動の観察者がSという私の信念の原因について語ってくれるような話との、いずれにも属している存在者(感覚与件や身体表面の刺激や明晰判明な観念のような)なのである。デヴィットは、フィールドに従い、「「外の世界」との対応という直観的観念」は、真理を「語と客観的実在との間のほんものの指示関係[56]」に依存させることによって解明できると示唆するが、このとき彼は、その前ウィトゲンシュタイン的衝動に屈伏している。ダメットが、世界のある状態は信念を「決定的に検証する」ことができると考えるときにも、彼はその衝動に屈伏している。この考えは、世界の一部が信念を真ならしめるというデイヴィドソンの拒絶する考えを、具体化しているのである。

一度ダメットの反全体論を捨ててしまえば、「実在論」に関する問題は、脱意味論化されてしまうとデヴィットは考える。これは正しいと思われる。しかし、それと同時に、その問題は、トリヴィアルなものになってしまう。なぜなら、その場合には、「常識的な物理的存在者は心的なものとは独立に客観的に存在する」[57]とデヴィットが定式化する、陳腐な反観念論的テーゼ以外には、「実在論」という言葉の名指すものがないことになるからである。デヴィットはこれを、興味深い、議論に値するテーゼだと考える。デイヴィドソンも、明らかにこう考えている。これは、デイヴィドソンをプラグマティストとする私の解釈にとっては、困ったことである。彼がそう考えていることは、先の引用で見たように、「われわれが作ったのではない客観的公共世界」[58]という観念に対して、彼が忠誠を誓うことからも、明らかである。この定式は、私には、時代遅れの言い回しでしかないような印象を与える。なぜなら、私の見るところでは、観念論と物理主義との間の不毛な形而上学的な争いは、今世紀の初めには、プラグマティスト(古い形而上学的問いを解消しようとした)と反プラグマティスト(それをめぐって闘わなければならないような、第一級の問いがあるとまだ考えていた)との間のメタ哲学的な争いに、取って代わられてしまったからである。[59] 後者の争いは、実在論と反実在論とを超越しているのである。[60]

デイヴィドソンは、時おり実在論的信仰に忠誠の誓いを立てはするものの、彼もまた、実在論と反実在論とを超越している。[61] 二〇世紀の哲学史に関する私の見方からすれば、論理的経験論は、一歩進んで二歩下がった反動的な展開であった。デイヴィドソンは、論理的経験論が当然のものと見なした図式／内容の二元論を徐々に破壊することによって、言わば、論理を保持しつつ、経験論を捨てた(もっとよい言い方をすれば、言語への注意を保持しつつ、認識論を捨てた)のである。それゆえ彼は、フレーゲの洞察を用いて、デューイの全体論的、プラグマティズム的教説を確証することを、可能ならしめた。彼の仕事は、モートン・ホワイトが、可能な「哲学の再統合」として予見した[62]類いの、プラグマティズムと実証主義の綜合を可能にする。そうした綜合の観点からすれば、意識から言語へと向かう(そして、超越論的論理学から形式論理学へと向かう)パースとフレーゲの転回は、「実在論対反実在論」のような伝統的諸問題を、より明晰に定式化する方向に向かう一歩ではなくて、むしろ、それらの問題を解消するための一段階だったのである。[63]

注

(1) Donald Davidson, *Inquiries into Truth and Interpretation* (Oxford University Press, Oxford, 1984), p. xviii.

(2) この論文は *Kant oder Hegel ?*, ed. Dieter Henrich (Klett-Cotta, Stuttgart, 1983) に収載されており、また *Truth and Interpretation : Perspectives on the Philosophy of Donald Davidson*, ed. Ernest LePore (Basil Blackwell, Oxford, 1986) にも再録されている。ここに引用したスローガンは、最初の刊本の四二三頁に記されている。

(3) *Inquiries*, p. xviii.

(4) William James, *Pragmatism* (Hackett, Indianapolis, 1981), p. 92.

(5) *Ibid*., p. 100.

(6) Hilary Putnam, *Meaning and the Moral Sciences* (Cambridge University Press, Cambridge, 1978), p. 108.

(7) これら三つの用法の関係については言うべきことがたくさんあるが、ここでは割愛する。私の知る限り、それを言おうとした最良の試みは、ロバート・ブランダムの未公刊論文(Robert Brandom, "Truth Talk")中に見出される。ブランダムは、真理を主張可能性として定義しようとする「素朴プラグマティズム」が、条件文の前件のような文脈での「真なり」の用法によって、どのように挫折するかを示している。だが、そのあと彼は、フレーゲと、グロウヴァ＝キャンプ＝ベルナップの代文的真理論(prosentential theory of truth)とを援用して、デューイの意図を損なわない、洗練されたプラグマティズムを展開する方法を、示唆している。ブランダムは、「前方照応説(anaphoric theory)ないし代文説(prosentential theory)」が、いかにして、彼の言うように、「プラグマティズムの立場が有する基本的な反記述的攻撃力を保ちつつ、その一方でそれを拡張して、素朴プラグマティズムのつまずきとなったはめ込み用法を説明する」ことができるかを示すが、それだけでなく、これらの説を、デイヴィドソン流の引用符消去主義と調停する方法をも示唆している。

(8)　もちろん、このテーゼは、志向的用語が非志向的用語で定義できるとか、意味論的メタ言語が何らかの仕方で行動主義の言語(Behaviorese)に「還元」できるとかいったことを、含意してはいない。「語「X」を使用する文のいずれが真であるかは、語「Y」を使用する文のいずれが真であるかを知ることによって学ばれる」ということは、「「X」の意味は「Y」を用いて説明できる」とか、「「X」は「Y」に還元できる」とかいうこととは、別のことである。志向的諸概念が、因果的諸関係の観察から生じてくるわけではないが、それらをどう適用するかに関する知識は、そこから生じてくる。デイヴィドソンの非還元的物理主義については、本稿第四節を参照されたい。

(9)　多くの伝統的な「哲学の諸問題」(パースが彼の「スコトゥス主義的実在論」によって解決されると考えた諸問題も含めて)は、これを例えば物理学や倫理学や論理学の内に「事実」があるかどうかをめぐる、実在論者と反実在論者の論争問題と見るのが最も適切である——こうダメットは主張する。ジェイムズ的プラグマティストは、この主張に心から同意する。だが、ダメットは、これらの結構な古い諸問題を、意味論化によって復権させたと自認するのに対して、プラグマティストは彼の処置を別様に理解する。つまり、プラグマティストの見るところでは、彼はそれらの問題を、処分しやすいように、うまく袋につめてくれたのである。

(10) 例えば、「あらゆる反論に答えることのできる見解が、それでも偽であるかもしれないという考えを、われわれは理解できない」(*Consequences of Pragmatism* (University of Minnesota Press, Minneapolis, 1982), p. 165——この箇所は一九七九年に書かれた)という誤った主張を行なったとき、私はそう考えていた。このパース主義の撤回を私が開始したのは、その本の序文(例えばxiv頁——これは、一九八一年に書かれた)においてであり、今なおその作業は続いている。パース的見解が維持できないことを私に確信させたのは、マイケル・ウィリアムズの論文(Michael Williams, "Coherence, Justification and Truth" (*Review of Metaphysics* XXXIV (1980) pp. 243-272))、特に(二六九頁の)「理論が理想的完全性と包括性とを有することがどういうことなのか……探究が終着点を有することがどうしてよいことなのか、われわれにはわからない」という彼の主張によってである。また、真理を「ある意味で認識的概念である」と考えようとするのはやめるべきだとする彼の示唆(二六九頁)も参照のこと。デイヴィドソンは、それをやめるとどうなるかを詳述している。

(11) パース的プラグマティズムは、しばしば次のような論拠から批判されている。すなわち、それは、観念論同様、「世界の諸対象はその基本構造を——そしてもしその構造を示すことなしには存在しえないとすれば、その存在をも——われわれの創造的活動に負っている」(Alvin Plantinga, "How to Be an Anti-Realist," *Proceedings of the American Philosophical Association*, 56 (1982), p. 52)という反直観的なカント的主張によって、存在論的同質性と異質性に関する問題を生ぜしめる、というのである。しかし、これは、基準に関する主張を因果的主張と混同している。つまりそれは、「もし岩が存在するなら、それは探究の終着点においてその構造を示すであろう」というパース的主張と、「もし探究が存在しないなら、岩は存在しないであろう」という観念論的主張とを、混同しているのである。

(12)　メアリー・ヘッセの「道具的進歩」——予測能力の増大——と「概念の収斂」の区別（Mary Hesse, *Revolutions and Reconstructions in the Philosophy of Science* (Indiana University Press, Bloomington, 1980), pp. x-xi）を参照。科学革命の可能性は概念の収斂を危険にさらすことになるが，この収斂こそ，パース主義者の立場を支える唯一の収斂である。将来そうした革命の不確定な増殖はないということを保証するには，パースの「進化論的愛の形而上学」や，現代物理学が「成熟した」ものであることを保証しようとするパトナムの試みのようなものが，必要であろう。

(13)　"A Coherence Theory...," p. 431.

(14)　"A Coherence Theory...," p. 430 の，次の箇所を参照。「クワインとダメットは，ある基本的原則に関して合意している。それは，〈意味にとっていかなるものが存在しようと，それは何らかの仕方で，経験や所与や感覚刺激のパターン，つまり，信念とその通常の対象との間に介在する何ものかにまで，遡られなければならない〉というものである。一度この方向を採ると，懐疑論への扉が開かれることになる。……意味がこのような仕方で認識論的なものになると，真理と意味は必然的に乖離する。」

(15)　私の知る限り，この例は，デイヴィドソンの公刊された書き物では，使用されていない。これは，一九八一年にハイデルベルクで開かれた，クワインとパトナムとのコロキウムにおける，未公刊の発言からの，引用である。

(16)　"A Coherence Theory...," p. 436. この議論の運びは——(*Inquiries*, pp. 219 ff., 236 ff. でなされているように）翻訳からの副産物として指示を説明するデイヴィドソンの議論とともに——テーゼ(2)をデイヴィドソンに帰するための，主たる文献的証拠をなす。

(17)　"A Coherence Theory...," p. 432.

(18) そのようなマニュアルがそういった報告から切り離せないということは、〈信念と意味とは互いに独立に知ることができない〉というクワイン＝デイヴィドソンの議論から帰結する。

(19) デイヴィドソンの"Mental Events"は、〈物理的なものとの同一性〉を〈物理的なものへの還元不可能性〉と結びつけようとする彼の戦略を、例証している。

(20) アラン・ドナガンが私に示唆したように、〈言語学者の信念と原住民の信念はいずれもほとんどが真であるという事実は、彼らが互いにコミュニケートできるという事実を説明しているではないか〉と、反論されるかもしれない。しかし、この種の説明は、因果的効力を有する性質には依拠していない。それは、コミュニケーションの事実を、〈両者は同じ時空連続体に住んでいる〉ということによって説明するようなものである。われわれには、〈彼らが同じ時空連続体に住んでいない〉ということが、どういうことなのかわからない。それは、〈彼らの内のどちらかの信念は、そのほとんどが偽である〉ということがどういうことか、われわれにはわからないのと、同じことである。因果的効力を有する性質の候補となりうるのは、われわれの想像しうる性質だけである。

(21) "A Coherence Theory...," p. 426.

(22) "A Coherence Theory...," p. 423.

(23) "A Coherence Theory...," pp. 426-427. デイヴィドソンはこの箇所で、〈私《ローティ》はこれをいい問いだとは思わない〉と言っているが、その通りである。私はここで、それのどこがまずいかを、そしてなぜ私がデイヴィドソンもそれをまずい問いと見なすべきだと思うかを、説明しようとしている。

(24) この箇所でデイヴィドソンは、私が先の注(11)でプランティンガを批判して非としたような種類の、基準的関係と因果的関係との同一視を、気にしているのかもしれない。これは、観念論の特徴をなすような同一視であり、整合説は人間が「世界を構成した」という結論に至るのではないかという危惧を生ぜしめるような同一視である。私の解釈では、彼はすでにその同一視を廃棄しており、したがって、悩む必要はないのである。

(25)　*Inquiries*, p. 51.

(26)　"A Coherence Theory...," p. 425.

(27)　Hilary Putnam, *Realism and Reason* (Cambridge University Press, Cambridge, 1983), p. xv.

(28)　*Ibid.*, p. xiv.

(29)　この段落で私が採った議論の方針は、Michael Levin, "What Kind of Explanation is Truth?" (in *Scientific Realism*, ed. Jarrett Leplin (University of California Press, Berkeley, 1984) pp. 124-139)や、Michael Williams, "Do We Need a Theory of Truth for Epistemological Purposes?" (*Philosophical Topics* の認識論特集号に近く掲載の予定)にも見出されるであろう。

(30)　アラン・ドナガンが私に指摘したように、デイヴィドソンの立場はウィトゲンシュタインのそれと同じである。つまり、歯車は必要でない、なぜなら、われわれの信念を表わす文は、世界に直接触れるからである、とする立場である。*Tractatus Logico-Philosophicus*, 2.1511-2.1515を参照。

(31)　Hilary Putnam, "On Truth," in *How Many Questions*, ed. Leigh S. Caulman et al. (Hackett, Indianapolis, 1983), p. 44.

(32)　時を同じくして、ノイラートもまたそうであった。彼は今日、以前よりも評価を高めつつある。

(33)　Stephen Leeds, "Theories of Reference and Truth," *Erkenntnis*, 13 (1978), p. 117.

(34)　デューイなら、理論構成と理論修正を、予測と制御を目指す科学に限定しなかったであろう。しかし、デューイとリーズのこの違いは、当面の論点には関係しない。

(35) Arthur Fine, "The Natural Ontological Attitude," in *Essays on Scientific Realism*, ed. J. Leplin.

(36) Michael Dummett, "What Is a Theory of Meaning?" in *Mind and Language*, ed. Samuel Guttenplan (Oxford University Press, Oxford, 1975), p. 127.

(37) *Ibid.*, p. 108. ダメットは、実際には「T文」とは言わずに、「M文」(つまり、「「――」は――を意味する」という形の文)と言っている。私はわかりやすくするために、引用に手を加えた。ダメットが正しく言っているように、デイヴィドソンの目的にとっては、二種の文は交換可能である。

(38) *Ibid.*, p. 115.

(39) *Ibid.*, p. 116.

(40) エルンスト・トゥーゲントハットも同様の立場を採用している(Ernst Tugendhat, *Traditional and Analytical Philosophy* (Cambridge University Press, Cambridge, 1983)。トゥーゲントハットはこの立場を、フッサールとラッセルを通して哲学的伝統を支配した言語理解の「客観主義的」説明に、唯一対抗するものとしている。

(41) *Ibid.*, p. 117. 私がダメットから引用したデイヴィドソンに対する不満のいくつかは、"What Is a Theory of Meaning?"(*ibid.*, pp. 123 ff.)の付論で修正されている。しかし、〈デイヴィドソンは「言語の部分を知るということが理解できない」〉(一三八頁)という主張や、〈言語哲学は非クワイン的な言語/事実の区別を維持しなければならない〉という論拠のない前提(一三七頁)は、そのままである。

(42) Dummett, "What Is a Theory of Meaning? (II)," in Gareth Evans and John McDowell (eds.), *Truth and Meaning* (Oxford University Press, Oxford, 1976), p. 95.

(43)「いかなる推論原理の受容も、語の意味決定に寄与する」というウィトゲンシュタインの見解――これはデイヴィドソンも共有している見解である――は、受け入れることのできない全体論的性格を有していると、ダメットは考えている("What Is a Theory of Meaning ? (II)," p. 105 を参照)。この種の全体論は、「言語の体系的意味理論は不可能である」という見解に導くものであり、したがって、哲学は「無知や偽なる信念を除去しようとするものではなくて、概念上の混乱を除去しようとするものである、それゆえ哲学は、除去したものを正しい場所に置くための積極的なものを何も持たない」という見解に導くものであると、ダメットは別のところで言っている(*Truth and Other Enigmas* (Harvard University Press, Cambirdge, Massachusetts, 1978), p. 453)。ダメットの言う「言語の体系的意味理論」とは、「意味理論に期待して当然のもの」、つまり、伝統的な哲学的諸問題の手掛りを、彼に与えてくれる理論のことである。しかし、〈デイヴィドソンとウィトゲンシュタインの共有する全体論は、デューイとウィトゲンシュタインが共有する伝統的諸問題への治療的アプローチに導く〉という論拠の下に、彼がその全体論を斥けるとき、彼はデイヴィドソンに対して論点先取を犯しているのである。

(44) "What Is a Theory of Meaning ? (II)," p. 101.

(45) *Ibid.*, p. 100.

(46) *Ibid.*, p. 116.

(47) Michael Devitt, "Dummett's Anti-Realism," *Journal of Philosophy*, 80 (1983), p. 84.

(48) *Ibid.*, p. 86.

(49) デヴィットは見解を異にする。「デイヴィドソンは命題的仮定を受け入れるので、[ダメットの]議論に服することになる」(*Ibid.*, p. 90)と彼は言う。ダメットによるデイヴィドソンの記述をこのように喜んで受け入れるのは、デヴィットが、形而上学を意味論化しようとするダメットの試みを痛烈に批判するにもかかわらず、その批判に欠陥があることを示していると思われる(以下に述べるように、〈形而上学の脱意味論化によって、形而上学の純粋性が復活する〉というデヴィットの主張にも、私は同意しないのであるが)。〈デイヴィドソンは命題的仮定を受け入れる〉とデヴィットが考えるのは、デイヴィドソンが、以前の論文で、Lの意味理論をLの話し手が理解しているものと同一視したからであろう(この同一視は、〈話し手は様々なT文に対応する「別個の要素的諸能力」を本当に持っている〉ということを示唆するものである)。しかし、この同一視は、私が理解する限り、前節で述べた全体論と両立しないか、〈玉突きのボールは力学の法則を「内在化」していた〉というメタファー同様、誤解を招くものであるかの、いずれかであろう。

(50) *Ibid*., pp. 89-90.

(51) *Ibid*., p. 91.

(52) *Ibid*., p. 92.

(53) Paul Horwich, "Three Forms of Realism," *Synthese*, 51 (1982), p. 199 の次の箇所を参照。「いつpが真であるかを確定できないことから、その真理条件に関する知識を明示できないことを導く[ダメットの]推論には、全く強制力がない。pの真理条件を知るのに必要なのは、それを理解することだけである。そして、pを理解するのに必要なのは、その信頼性の度合いを様々な状況の中で判断するための、言語的実践に伏在する共同体規範に従って、それを使用する能力だけである。」彼が「意味論的実在論」と呼ぶもの〈真理はそれを認知するわれわれの能力を越えて拡がっているかもしれないという主張〉は「意味の使用説及び真理の不要説」と組み合わせられるべきだとホーウィッチは提案している(一八六頁)が、これはデイヴィドソンの戦略を簡潔に述べたものと、私には思われる(ホーウィッチの反ダメット的主張に関する以前の言明については、クリスピン・ライトに対するP・F・ストローソンの批判 (P. F. Strawson, "Scruton and Wright on Anti-Realism," *Proceedings of the Aristotelian Society*, 1977, p. 16) を参照のこと)。

(54) *Inquiries*, p. 194.

(55) "A Coherence Theory...," p. 430.

(56) Devitt, p. 77.

(57) Devitt, p. 76.

(58) *Inquiries into Truth and Interpretation*, p. 198 の次の箇所も参照されたい。「図式と世界の二元論を放棄するからといって、われわれは世界を放棄するわけではない。われわれは、そのふるまいによってわれわれの文や意見を真もしくは偽ならしめるような、親しい対象との、直接的接触を、再確立するのである。」しかし、確かにこれらの親しい対象は、反観念論哲学者が保証しようとした世界とはまったく異なる。観念論者もまた、これらの対象を手にしていた。彼らに反対する者が気遣った世界は、親しい対象のふるまいとは独立に変化しうるものであった。それはむしろ、物自体のようなものであった(私は、〈親しい対象〉と、〈「図式」の哲学的相関者として考案されたもの〉という、「世界」の二つの意味のこの区別を、デイヴィドソンの議論の理解をめざした以前の(一九七二年の)いささか不手際な試みの中で、展開した。"The World Well Lost," reprinted in *Consequences of Pragmatism* を参照のこと)。

(59) 私は、(a)〈観念論の出発点となった精神/物質の区別を脱構築することによって、観念論は(《ウロボロス虫》のように)結局はおのれ自身を食べてしまう〉というヘーゲルの論証と、(b)進化論が引き起こすその区別に対する幻滅とに言及することによって、この変化についての説明を、試みなければならない。デューイの重要性は、ヘーゲルとダーウィンを一つにしたことにあると、私は思う。しかし、これは、長い、議論の余地のある話となる。

(60) ハイデッガーの「西洋の形而上学的伝統の解体」とデリダの「現前の形而上学の脱構築」とに関する今日の論争は、同じ争いのもう一つの形態を形成する。デイヴィドソンとデリダのいくつかの結びつきについては、Ernest LePore (ed.), *Truth and Interpretation* 所収のサミュエル・フィーラーの論文(Samuel Wheeler, "Indeterminacy of French Interpretation : Derrida and Davidson")と、Samuel Wheeler, "The Extension of Deconstruction," forthcoming in *The Monist* とを参照されたい。プラトンとニーチェのいずれをも越えようとするハイデッガーの試みと、実在論と反実在論とを越えようとするファインとデイヴィドソンの試みの平行関係については、Richard Rorty, "Beyond Realism and Anti-Realism," in *Wo steht die Analytische Philosophie heute?*, ed. Ludwig Nagl and Richard Heinrich (R. Oldenbourg Verlag, Vienna, 1986) を参照されたい。

(61) われわれはなぜこの争いを超越すべきなのか、ということについて、アーサー・ファインは最近行われたものの内では最良の説明を提示している。彼の "The Natural Ontological Attitude" (先の注(35)で言及した)の反実在論的論争と、"And Not Anti-Realism Either," *Nous*, 18 (1984), pp. 51–65 の反・反実在論的論争とを参照。後者(五四頁)は、「受容としての真理という考えに表現される反実在論は、対応によって表現される実在論同様、形而上学的な、無益なものである」と主張している。私のデイヴィドソン解釈によれば、彼の立場はファインの「自然な存在論的態度」とうまく符合する。
フレデリック・スタウトランド (Frederick Stoutland, "Realism and Anti-Realism in Davidson's

Philosophy of Language," Part I in *Critica* XIV (August, 1982) and Part II in *Critica* XIV (December, 1982))は、デイヴィドソンを実在論者として解釈しようとする(例えばジョン・マクダウエルとマーク・プラッツの)試みに抵抗すべき、卓越した理由を提示している。しかし、彼がデイヴィドソンを、「文はその言語外の対象によって真なのではない、それは人間の実践におけるその役割によって真なのである」(Part I, p. 21)と考える反実在論者として解釈するのは、誤りだと思われる。繰り返せば、すでに述べたように、彼はプラグマティズムと結びつきたいとは思っていない。なぜなら、「プラグマティスト」と自称するあまりに多くの人々が(私自身も含めて)、「文は人々が目標を達成し意図を実現するのに手を貸すがゆえに真である」(Stoutland, Part II, p. 36)といった類いのことを、言っているからである。しかし、私はスタウトランドと見解を異にしているにもかかわらず、彼の議論に多くを負っている。特に、〈「言語と実在との関係を説明するのは思考の志向性——それの真偽とは独立に、対象に向かっていること——である」という考えにデイヴィドソンは反対する〉という彼の指摘(Part II, p. 22)は、デイヴィドソンの全体論と、ラッセル、フッサール、クリプキ、サールに共通する「建築ブロック」アプローチとの区別を、見事な明晰さと簡潔さで表現するものだと、私には思われる。

(62)　Morton White, *Toward Reunion in Philosophy* (Harvard University Press, Cambridge, Massachusetts, 1956)を参照。

(63)　本論文の最後から二番目の原稿にコメントを与えてくれた、ロバート・ブランダム、アラン・ドナガン、アーサー・ファインの諸氏に感謝する。彼らのコメントにより、重要な変更を行なうことになったが、どこを誰に負っているかをすべて明示することはしなかった。

訳者あとがき

ある論集の編者は、リチャード・ローティに対して、「現代の最も影響力のある哲学者の一人」という評価を与えている。ローティの思想を受け入れる人も、それを批判する人も、今やこの評価に対しては、異論のないところであろう。『哲学と自然の鏡』、および、『プラグマティズムの帰結』という二つの著書、それにここ二〇年ほどの間に公にされた数多くの論文は、彼がその評価に値するものであることを、十二分に示している。本書は、そういった彼の多くの書き物の内から、一九八〇年代に入ってからの、特に興味深いと思われるものを六編選んで、一書に纏めたものである。選択に当たっては、原著者の意見を勘案しつつ、彼の多方面に亙る思索の成果ができるだけ網羅できるよう配慮した。本書の企画当初にはその論文のほとんどがまだタイプスクリプトのままであったが、現在ではその内の五編が公刊され、残る一編もまもなく刊行される運びとなっている。それぞれの出版記事については、次の通りである。

I 「連帯としての科学」

――"Science as Solidarity" in *The Rhetoric of the Human Sciences*, ed.

John Nelson et al. (University of Wisconsin Press, 1987).

II 「テクストとかたまり」

——"Texts and Lumps" in *New Literary History*, vol. XVII, no. 1 (Johns Hopkins University Press, 1985).

III 「方法を持たないプラグマティズム」

——"Pragmatism without Method" in *Sidney Hook : Philosopher of Democracy and Humanism*, ed. Paul Kurtz (Prometheus Books, 1983).

IV 「哲学史の記述法——四つのジャンル」

——"The Historiography of Philosophy : Four Genres" in *Philosophy in History*, ed. Richard Rorty et al. (Cambridge University Press, 1984).

V 「哲学に対する民主主義の優先」

——"The Priority of Democracy to Philosophy" in *The Virginia Statute of Religious Freedom*, ed. Merrill Peterson and Robert Vaughan (Cambridge University Press, forthcoming).

VI 「プラグマティズム・デイヴィドソン・真理」

――"Pragmatism, Davidson and Truth" in *Truth and Interpretation: Perspectives on the Philosophy of Donald Davidson*, ed. Ernest Lepore (Basil Blackwell, 1986).

一九六七年にローティは『言語論的転回』という論集を編集・刊行したが、現在のローティの思想の萌芽は、この論集に付した彼の長い「序文」の内に、すでに現われていた。そして、その直後から、いかにも「ローティらしい」論文が、次々と発表されていた。だが、母国アメリカは別として、我が国においても諸外国においても、彼の思索の成果は、長い間ほとんど注目されずにいた。この状況が変わるきっかけとなったのは、『哲学と自然の鏡』の公刊である。

一九七九年に『哲学と自然の鏡』が公にされたとき、この書物は国際的にセンセーションを巻き起こした。なぜかと言えば、この書物は、現代の分析哲学の伝統ばかりか、西洋近代の「認識論的」哲学、さらにはプラトン以来の西洋の哲学的伝統を取り上げ、その核心的発想に対して異を唱えるものだったからである。すなわち、西洋の哲学的伝統は、人間を「自然の鏡」の如きものとし、哲学を非歴史的・超文化的真理の探究と見、そうした真理の把握に基づいて文化全体を批判する者として、哲学者を見ようとした。だが、かかる人間観・哲学観・文化観は、歴史的文化的産物であり、その基にある認識の視覚的イメージには必然性がない、と言うのである。そして、哲学は、「認識論的転回」、「言語論的転回」に続いて、今や、「解釈学的転回」・

「プラグマティズム的転回」を遂行すべきではないか、と示唆するのである。このような主張は、当然のことながら、多くの論議を呼び起こした。一方では、こういった考えは哲学の自滅を招くものだという(しばしば単純な誤解に基づく安易な)批判が現われたが、他方では、彼の考え方にそれぞれの仕方で共感を示し、彼との「対話」を積極的に続けようとする人々が、数多く現われた。そして、以後、ローティは、『哲学と自然の鏡』およびそれに先立つ諸論文で示した基本的見解を、ある点では修正し、また多くの点でより豊かにするような仕事を、現在に至るまで続けているのである。

彼の仕事には、少なくとも二つの面がある。一つは、今述べたように、〈非歴史的真理の把握を事とするのが哲学であり、文化の各領域は、それを基準に整序されなければならない〉という考えに対し、それを解体せしめようとする、言わば消極的な面である。この面は、言い換えれば、基準の固定によって硬化しがちな文化の営みに対し、基準とされるものの歴史性・偶然性を説くことによって、その創造力回復のための地ならしを行なおうとするものである。これに対して、彼の仕事には、非常に「積極的」と言える面がある。それは、そうした解体の作業を通して、歴史の担い手としての役割、つまり、〈対話を通してよりよい生き方をともに目指す〉という役割に対して、われわれの自覚を促すという面である。これら二つの面は、それぞれに異なる仕方で、現代の影響力のある他の哲学者の思想と重なり合っている。例えば、ローティ自身もしばしば言っているように、われわれは彼の思想と、ハイデッガー、後期ウィトゲンシュタイン、デリダ、リオタール、ガーダマー、ハーバーマスの思想との間に、さまざまな形で重なり合いを認めることができる。だが、そうした重なり合いを通して、特にローティ的なものとして顕著に認められるのは、「連帯」を唯一の拠り所とし、人間の「創造性」に信を置くという、彼の考え方である。この点は、本書に収められた諸論文の、随所に認められるところである。

ところで、ローティに対して、「相対主義者」という非難がなされるのを、時おり耳にする（例えば、パトナムやアーペルによって）。だが、ローティの思想が決して相対主義の立場を宣揚するものでないことは、本書の諸論文の示す通りである。彼の思想はある意味で「徹底した歴史主義」の立場と言えるようなものであって、徹底した歴史主義は、もはや相対主義などではない。それは、〈われわれは今自分がいる所から始めることしかできないが、その場所は常によりよいものへと変貌していく可能性を秘めている、そして、その可能性を現実のものとするのは、ほかでもない、われわれなのである〉という、ある意味では「あたりまえ」の、だがしばしば人間が忘れてきた大切なことを、自覚する立場である。ハーバーマスはかつてローティを、「観察者の観点を絶対化するもの」と批判したが、このような誤解こそが、ローティを「相対主義者」と断ずるとともに、徹底した歴史主義がまさしく「参加者の観点」から自ずと出てくるものであることを見誤らせるもととなっているのである。

本書が、我が国におけるローティ理解に多少とも貢献できるものとなれば、訳者としてもこれに優る喜びはない。

最後に、ローティの経歴と著作を、簡単に紹介しておく。

リチャード・M・ローティは、一九三一年にニューヨークに生まれる。シカゴ、イェールの両大学で学んだ後、長らくプリンストンの助教授・教授を務め、現在はヴァージニア大学の教授である。この間、アメリカ哲学会(東部地区)の会長を務めたり、ベルリンの「ヴィッセンシャフツコレーク」の研究員としてドイツに招かれるなど、アメリカ国内ばかりでなく、国際的にも、幅広い活躍を見せている。

著書には先述の『哲学と自然の鏡』(*Philosophy and the Mirror of Nature*, Princeton University Press, 1979〔邦訳〕野家啓一他訳、産業図書、近刊)と『プラグマティズムの帰結』(*Consequences of Pragmatism*, University of Minnesota Press, 1982〔邦訳〕『哲学の脱構築』室井尚他訳、御茶の水書房、一九八五年)があり、編書には『言語論的転回』(*The Linguistic Turn*, University of Chicago Press, 1967)が、また共編書には『歴史の中の哲学』(*Philosophy in History*, Cambridge University Press, 1984)がある。

訳者あとがき

本書が成るに当たっては、ローティ教授から多大のお力添えをいただいた。心から御礼申し上げる。また、岩波書店の合庭惇氏には、本書の企画当初からなみなみならぬ御尽力をいただいた。氏の忍耐強い支えがなければ、本書が世に出ることはなかったであろう。

一九八八年一月

訳　者

■岩波オンデマンドブックス■

連帯と自由の哲学
――二元論の幻想を超えて R. ローティ

1988 年 5 月 30 日 第 1 刷発行
1999 年 11 月 5 日 モダンクラシックス版発行
2014 年 5 月 9 日 オンデマンド版発行

訳 者 冨田《とみだ》恭彦《やすひこ》

発行者 岡 本 厚

発行所 株式会社 岩波書店
〒 101-8002 東京都千代田区一ツ橋 2-5-5
電話案内 03-5210-4000
http://www.iwanami.co.jp/

印刷／製本・法令印刷

ISBN978-4-00-730103-2 Printed in Japan